BEST PRODUCTIVITY TIPS FOR WORKING WOMEN

働く女子の仕事力アップ

著者
SHE

Tips 大全

わたしらしく楽しく長く働くために必要なこと

わたしらしく楽しく長く働くために

SHEは「ひとりひとりが自分にしかない価値を発揮し、熱狂して生きる世の中を作る」をビジョンに、女性が自分らしい働き方を叶えるためのレッスンスクールとして、2017年にサービスをスタートしました。

主要事業の「SHElikes（シーライクス）」では、Webデザイン、Webマーケティング、ライティングなど、パソコンひとつで働けるようになるためのスキルが学べるレッスンとコーチングプログラム、さらに、それらをお仕事として実践する機会も提供。スキルという武器だけでなく、価値観やマインドの変革をも起こすような体験作りにこだわってサービスを創り上げ、これまでに2万名以上の卒業生を輩出しています。

本書でご紹介しているTIPSも、すべてSHEの受講生が原稿からデザインまでを担当しています。

「なんとなく今の自分にモヤモヤしているけれど、解決策がわからない」

「具体的な道筋が見えず、何から始めればいいかわからない」

かつてそんな悩みや葛藤を抱えながらSHEの扉を叩いた女性たちが、同じようにステップアップのきっかけを求めている「あなた」に向けて、自らの経験をもとに心をこめて作り上げました。

すぐに仕事で使えるお役立ちテクニックから、心がちょっぴり軽くなる暮らしの豆知識まで。本書が、自分らしく楽しく働き続けるための手助けになれば幸いです。

CONTENTS

CONTENTS

CHAPTER 3

仕事がはかどるプライベート時間Tips

CONTENTS

Staff
カバーデザイン　佐藤ジョウタ（iroiroinc.）
イラスト　沢登愛美
DTP　新野 亨

SHEが考える「働く」ってこと

自己を犠牲にする組織の時代から、個人が輝くサステナブルな時代へ

現代では女性の社会進出が推進される一方、ライフイベントなどを考えると、「出産後に今の仕事に戻れるかわからない」「スキルを身につけないと不安」など、キャリアについて漠然とした悩みを抱えている人は多いのではないでしょうか?

私たちが生きるのは、まさに "変化" の真っ只中。

20年学び、40年働き、20年休むといった古くからの慣習が外圧としてのしかかるなか、実際には終身雇用は崩壊し、**レールの上にはもうロールモデルは存在しません。**

経済的な自立と個人としての自己肯定感を両立し、自分らしく輝くために、女性たちは

今、自らの力で生き方を変革する必要性に迫られています。

「働く」ということにおいても、誰かを蹴落とし、身を削って自己を犠牲にすることでこそ〝成功〟がつかめるという価値観はもう過去のもの。

これからの時代に主流となるのは、凛とした強さと包み込む優しさを持ち合わせたしなやかな生き方です。自分が幸せであることで周りを幸せにし、みんなで支え合って成長につなげていく。競争ではなく、周りと一緒にステップアップしていくことで、**サステナブルで心地よい環境を築き、未来の自分にも対応し続けていくことができる**はずです。

それを叶えるためには、**自分が無理なく、心地よく生きるためのスキルを身に付けることが最大の強み**となります。

場所や時間にとらわれず、好きな人と好きなことをして生きていく。**人や組織に依存しない自己を実現する**ことで、言葉にならないモヤモヤをワクワクに、まだ見ぬ明日への不安を期待に変えていきましょう。

"心地よい生き方"を勝ちとるためにまずは自分を変えていこう

では、人や組織に依存しない自己を実現するにはどうすればよいのでしょうか?

SHEには「場所や時間にとらわれず好きな人と好きなことをして働く」という夢を描き、たくさんの女性が通ってくださっています。

私たちの役目は、固定観念を壊し、自分らしい生き方を勝ち得ようと戦う女性たちの"解放の伴走者"として全力でサポートすること。ですが、ここに来れば自動的に理想の働き方ができるなんてことは絶対にありません。

理想の生き方・働き方に近づくためには、自分自身の覚悟と努力が必要だからです。

とはいえ、受講生のみなさんも最初は「やりたいことがわからない」「自分に自信がない」という状態だった方がほとんど。「変わりたい」という想いはありながら最初の一歩が踏み出せない人がいることも事実です。

そこでSHEでは、「なりたい自分」を見つけ、変わっていくために、皆さんに4つの約束事をお願いしています。

SHEの4つの約束事

1 「私なんて」「私にはできない」と決めつけない

2 自分は自分にしか変えられない

3 夢はどんどん人に伝えよう

4 自分との約束を守ろう

1 「私なんて」「私にはできない」と決めつけない

「未経験でデザインを学ぶなんて笑われる」「30代で新しいことを始めるには遅い」など、無意識的なキャリアのバイアスにとらわれている人は少なくありません。

固定観念やレッテルにとらわれた自己肯定感が低い状態では、転職やキャリアチェンジにおいても自分の限界を低く見積もってしまいがち。そこでまずは、自分の夢を否定しない、ポジティブなマインドセットを持てるように意識を変えていきましょう。

どんな小さなことをするときも、「私なんか」が頭によぎったら盛大な×印を。「いくつになっても、どんな環境にいても、自分には可能性がある」と信じられることで初めて、「なりたい自分像」が描けるようになります。

2 自分は自分にしか変えられない

例えば「SHE-ikes（シーライクス）」への入会も、あくまで自分を見つめ直すきっかけ。本当に自分のやりたいことを叶えるためには、そのための時間を捻出する本人の姿勢と努力が欠かせません。夢は誰かに叶えてもらうものではなく、自分でつかむもの。言われたことをやるだけでなく、自分に必要なこと

を取捨選択しながら自分の足で生きていきましょう。最後の意思決定はいつも自分自身にあるのです。

③ 夢はどんどん人に伝えよう

"言霊"という言葉があるように、実際に言葉にすることは、理想を現実にするための第一歩。自分のなりたい姿を声に出すことで、自分の夢の解像度を上げていきましょう。また、自分が本当に変わるところまでモチベーションを維持するには、周りの人の存在やコミュニティの力も絶大。自分の学んでいることを発信し、ともに頑張る同志を見つけることで、挫折の回避にもつながります。

さらにこれからの時代、スキルは磨くだけでなく、発信するところまでがセット。資格をとったらそこで終わりではなく、その資格で自分ができることを発信し、誰かに見つけてもらうことが副業においてもキャリアチェンジにおいても大切になってきます。

④ 自分との約束を守ろう

自信を持つためには、自分との小さな約束を守り続けることが大切です。自分のライバルは、あくまで自分自身。他人と比較をするのはやめて、明日の自分に誇れる行動をしていきましょう。

これら4つの約束事は、誰でも、どこにいても、今すぐに実践できること。自分の〝ク

セ〟として習慣化できれば、自分自身との向き合い方も自ずと変わってきます。

現代社会は女性たちにとって、キャリアを描くどころか、生きているだけでも大変な世の中。でも、私たちはひとつの人生しか生きられないし、信じたようにしかそれを生きられません。

〝正解〟が消えた今、**自分らしく心地よい生き方を叶える**ために、まずは自分を信じることから始めてみてください。

思い込みで自身を縛り付けている不自由な呪いから解き放たれたとき、きっと目の前に新たな世界が広がるはずです。

「SHE-ikes（シーライクス）」が気になる方は、Webデザイン、ライティング、マーケティングといった人気コースの説明や、実際の講義が体験できる無料の体験レッスンにお越しください。

▼申し込みはこちらから

CHAPTER 1

すぐに役立つ
仕事力アップ

Tips

BEST PRODUCTIVITY TIPS FOR WORKING WOMEN

仕事がはかどる書類収納術

書類で散らかりがちなデスクの上。緊急性や必要度で書類を分類して、それぞれに合った収納法ですっきり片付けましょう。

整理されたデスクにはメリットがたくさん

デスク周りが整理されていることで、物の位置が把握でき、探す時間を短縮できます。また、作業スペースが広くなり、作業効率もUPすることができます。そこで、ここでは散らかりやすい書類の収納術をお伝えします。

書類のタイプに見合った収納術を見つけよう！

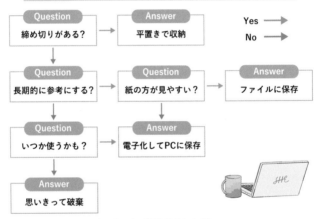

| Question | Answer | Yes → |
| 締め切りがある？ | 平置きで収納 | No → |

| Question | Question | Answer |
| 長期的に参考にする？ | 紙の方が見やすい？ | ファイルに保存 |

| Question | Answer |
| いつか使うかも？ | 電子化してPCに保存 |

Answer
思いきって破棄

タイプ別収納方法

平置きで収納
手に取りやすい場所に平置きで収納します。締め切りを忘れないように、書類に付箋で日付を書いておくと期限に遅れずに提出できます。

ファイルに保存
クリアファイルにカテゴリー別に分けて保存します。重ねて入れる場合は中身がわかるようにメモを入れておくと探す手間が省けます。

電子化してPCに保存
Adobe Scanなどのアプリを使用してPDF化してPCに保存します。見つけやすいタイトルにしておくとファイル検索で探すのが楽になります。

思いきって破棄
時には思いきって破棄することも大切です。仕事が一段落ついたタイミングで見直しましょう。

仕事ができる人の優先順位づけ

「タスクが山積みで何から手をつけていいのかわからない！」と
いうときは、この方法でまずやるべきことを洗い出しましょう。

step1 タスクをすべて書き出そう！

自分がやるべきことを可視化する

書き出す際は、付箋やメモアプリ、「Trello」のようなサービス
など、自分に合った方法を探してみましょう。

step2 タスクをマトリクスに当てはめよう！

「時間管理のマトリクス」

『7つの習慣』の著者であるスティーブン・R・コヴィーが
提唱したタスク管理法をご紹介します。

重要度【高】

	第1領域	第2領域
緊急度【高】	・期限のある仕事 ・クレームの処理	・人間関係づくり ・勉強や自己啓発	緊急度【低】
	第3領域	第4領域
	・重要でない電話 ・無意味な接待	・噂話などの暇つぶし ・だらだら電話	

重要度【低】

緊急度・重要度のどちらも高い第1領域には、真っ先に着手する必要があ
りますよね。
第3領域は緊急度が高く、重要度は低いタスクです。自分より得意な人に
仕事を振るなど、効率化したいところ。
第4領域は緊急度・重要度ともに低い、今やる必要のない仕事です。

そして、後回しにされがちな第2領域に注意！
ここは自分の成長につながる大事な領域のため、うまく時間
を使って手をつけましょう。

この方法で優先すべき仕事を把握し
仕事を効率よく進めましょう！

参考文献：
『完訳 7つの習慣 人格主義の回復』
スティーブン・R・コヴィー・著
フランクリン・コヴィー・ジャパン・訳
キングベアー出版・刊

仕事を可視化する進捗管理術

仕事をスムーズに進めるには、やるべきこととその進み具合を把握
することが必須。以下を心掛けて見直し＆整理してみましょう。

1 現状のタスク管理の見直し

作業内容を具体的に書く

次に見たとき、すぐ作業に取りかかれたり、作業時間の把握につながっ
たりします。
例）
具体的ではない：クライアント〇〇様の案件
より具体的：クライアント〇〇様の見積書作成

管理ツールが合っているか確認

管理方法(手書きorデジタルツール)は、手間や習慣を基準にしましょう。

作業にかかった時間を書き出す

作業工数を正確に把握すると、次回作業時の効率アップにつながります！

2 翌日のタスクは前日に書く

朝その日の作業を書き出すよりも、前日の作業終わりに翌日のタスクを
書き出しておくことをおすすめします。
スイッチが入りきっていない頭で考えるよりも断然効率的で、スムーズ
に作業がスタートできます！

3 一目瞭然、見える化が鍵

タスクを可視化するには「カンバン方式」という整理方法が有効です。
まずは「未着手」「作業中」「完了」と、紙に3分割に列を作り、ひとつ
の付箋に対しひとつのタスクを書きます。そして付箋を各段階の列に貼
り、作業後はその都度タスクの段階に応じて貼り直します。

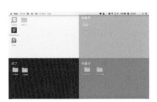

PCのデスクトップ上でも
カンバン方式の壁紙を作ると
フォルダごとに管理できます

タスク細分化のコツ

大きな仕事は、やるべきことを細かく分けてひとつずつ終わらせ
ていくのがベター。付箋やアプリを活用するのもおすすめです。

Point 01 タスクを30分ごとに分ける

まずはタスクを30分でできるボリュームに
分けて書き出しましょう。
内容は「○○を読む」「〜を聞く」という
レベルで十分です。30分に分けることで、
作業にかかる時間をイメージしやすく
小さな達成の積み重ねがモチベーションを持続させます！

Point 02 タスクの優先順位をつける

タスクが書き出せたら、優先順位をつけて
並べてみましょう。ポイントは、タスク同士の
つながりを意識してグループ化をすることです。
グルーピングができたら、それを時系列順に並べかえ！
付箋を使うと作業がスムーズです。

Point 03 第三者にチェックをしてもらう

タスク分けと並べかえができたら
作業に取りかかる前に、先輩や同僚など
誰かほかの人にもチェックしてもらうのがおすすめです。
抜け漏れの確認だけでなく、自分では気付かない視点で
アドバイスがもらえるので、業務効率アップにつながります！

アプリも豊富なので、
いろいろ試して自分のスタイル
を見つけましょう！

仕事が速い人のTO DO管理

まずはTO DOを洗い出して、やるべきことを明確に。それからスケジュールに落とし込み、作業時間を確保しましょう。

01　TO DO管理が苦手な人の特徴

- 仕事の目的を理解していない。
- 具体的にこなすべきTO DOがわからない。
- 具体的なTO DOを整理できていない。
- TO DOを処理する速度が遅い。
- TO DOが多すぎる。

「 TO DOを見える化 」するために
ロジックツリーをつくってみましょう

02　実行する前に計画を立てよう

スケジュールとリンクさせると管理しやすくなります。

仕事に取り掛かる前に
スケジュール上にTO DOを入力しましょう。
そのときに、取り組む時間も併せて計画。
仕事が終わった後は、
実際にかかった時間を記録すると
自分の作業ペースを把握するのに役立ちます。

業務	タスク 2H	業務		タスク 2H	

9　11　13　15　17　19

「その日するべきこと」が明確になり、
時間の管理がしやすくなります。
マルチタスクにならないように、
作業中はその作業に集中するようにしましょう

時間で区切る仕事法

イタリア人のフランチェスコ・シリロ氏が発案した「ポモドーロ・テクニック」を取り入れて、サクサク仕事を終わらせて。

〜 簡 単 に 作 業 効 率 を U P さ せ る 方 法 〜
ポモドーロ・テクニック

タイマーをセットして、

| **25**分間の作業 |

| **5**分間の休憩 |

をくり返すだけ！

注意点

・25分の作業の間はひとつのタスクに集中しましょう。
・電話やSNSなどの仕事以外のことは休憩時間に。
・どんなに中途半端でも休憩時間になったら休憩しましょう。
・休憩時間は雑務なども行なわずしっかり休息しましょう。

作業効率をUPさせて
自分時間を楽しみましょう！

クロスチェックでミスを減らす仕事術

自分ひとりでは気付かないミスを防ぐために、ダブル
チェックだけでなくクロスチェックもすると安心！

「クロスチェック」とは？

cross-check
verify (figures or information) by using
an alternative source or method

―Oxford Languages

→情報源や方法を変えて、数字や情報を確認すること

似た言葉に「ダブルチェック」がありますが、
何が違うのでしょうか？

 クロスチェック
**情報源や方法を変えて
確認すること**

例：
資料Aを基にデータを確認した
あとに、同じデータを資料Bを
基に確認する

 ダブルチェック
**複数人で
確認すること**

例：
自分で確認したあとに、
同じチェックリストを使って先
輩にも確認してもらう

ダブルチェックは、ほかの人も確認したという安心感から
チェックが甘くなりがちです。
もし、別の人にもチェックをお願いできるのなら
別の方法で確認をしてもらう**クロスチェック**をお願いしてみましょう。

覚えておきたい社会人のPCの基本

知っているようで意外と知らない、基本的なパソコンの操作
方法。ここでおさらいして、作業を効率的に進めましょう。

01 Ctrl + ○

Ctrl + A	表示されている文字やファイル、フォルダをすべて選択
Ctrl + C	範囲指定した文字やデータをコピー
Ctrl + X	範囲指定した文字やデータを切り取る
Ctrl + V	コピー、または切り取ったデータを貼り付ける
Ctrl + D	現在、開いているブラウザのタブをお気に入りに追加
Ctrl + R	ブラウザのタブの再読み込み
Ctrl + F	文字検索ウィンドウを開く

↳ Mac ▶▶▶ Ctrl を command に置き換えてください

02 Shift + ○

Shift + Del　ゴミ箱に入れずに完全削除

↳ Mac ▶▶▶ command + delete

Shift + F10　マウスの右クリックと同じ動作の実現

↳ Mac ▶▶▶ control + マウスクリック

Shift + Ctrl + Esc　タスクマネージャーの起動

03 文字入力・編集

F6	入力文字をひらがなに変換
F7	入力文字をカタカナに変換
F8	入力文字を半角カタカナに変換
F9	入力文字を全角英数字に変換
F10	入力文字を半角英数字に変換

Shift + ↑ → ↓ ←
左右は1文字単位で選択範囲の指定
上下は行単位で指定

Ctrl + Y or F4　直前の操作の再実行

Ctrl + Home　ページの先頭へカーソルを移動

End　カーソルがある行の行末へカーソルを移動

※機種や設定によっては作動しない場合もあります。

仕事ができる人のPCカスタマイズ

タスクバーや単語登録など、ちょっとした設定でパソコン
をもっと使いやすく。作業効率がグンとアップします！

01 よく使うアプリをタスクバー／Dockに表示

Windows

1. スタートメニューを開く
2. よく使うアプリを右クリック→「その他」を開く
3. タスクバーにピン留めする（タスクバーに表示する）をクリック

Mac

1. Finderでアプリを選択
   →Dockにドラッグ＆ドロップ
   or
2. 起動中のアプリをDockにドラッグ＆ドロップ

02 キーボードの反応速度を速くする

Windows

1. 「コントロールパネル」→表示方法を「大きいアイコン」に変更→「キーボード」→「キーボードのプロパティ」を開く
2. 「表示までの待ち時間」「表示の間隔」のスライダーを右端（最速）に移動し、「OK」ボタンを押す

Mac

1. 「システム環境設定」→「キーボード」をクリック
2. 「リピート入力認識までの時間」と「キーのリピート」のスライダーを右端（最速）に移動

（例）「おせ」→お世話になっております。
「よろ」→よろしくお願いいたします。

03 単語登録

Windows

1. 画面の右下にある「入力変換アイコン」を右クリック
2. 「単語の追加」をクリック
3. 「単語」「よみ」「品詞」を入力して「登録」

Mac

1. 画面の右上にある「入力変換アイコン」をクリック
2. 「ユーザ辞書を編集」をクリック
3. 「+」を押し、「入力」と「変換」の項目を入力

仕事ができる人のデスク整理術

ケーブルや書類などでついついごちゃつきがちなデスクの
上。すっきり整理すれば、作業スピードもアップします！

POINT 01　PC周りの配線に気を配る

PCの充電器やUSBのコードなどは、
そのままにしておくとデスクが雑然と
してしまいます。
ケーブルホルダーを活用したり、おうち
では配線を隠せるようなデスクを選んだ
りといった工夫をすることで、デスクを
すっきりと見せることができます。

POINT 02　机の上を物置にしない

なんでもかんでもデスクの上に置くこと
はせず、それぞれあるべき場所を決めて
おくことが大切です。
特に、散らばりやすい細かな文房具は入
れ物を決めておいて、使った後は必ず戻
すことを意識すると◎。

POINT 03　書類はスキャンして一括管理

デスクの上で最もかさばりやすいと言っ
ても過言ではない紙の書類。
思い切ってペーパーレスを目指してみる
のはいかがでしょうか？
アプリで読み取れば簡単にスキャンして
保存することができます。

デスク周りをきれいに収納して
仕事に集中できる環境づくりをしましょう♪

押さえておきたいPCのショートカットキー

作業の効率化には、ショートカットキーの利用が欠かせません。基本中の基本のショートカットキーをご紹介します。

#01 選択した項目をコピーする

ファイルやテキストなど、選択した範囲をコピーできます。

Ctrl を押しながら **C**

✔ Macの場合は「command」＋「C」

#02 選択した項目をペーストする

01の操作でコピーしたデータをペーストする際はこれ。

Ctrl を押しながら **V**

✔ Macの場合は「command」＋「V」

#03 すべて選択

テキストやデータを全部選択したい際に便利です。

Ctrl を押しながら **A**

✔ Macの場合は「command」＋「A」

CHAPTER 1 | すぐに役立つ仕事力アップ **Tips**

#04 文字を検索する

ファイルやWebページ内の単語を検索するショートカットキー。
膨大な資料の中から探している単語やフレーズを見つけられます。

Ctrl を押しながら F

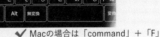

✔ Macの場合は「command」+「F」

#05 ひとつ戻る

操作を誤った際に便利なのがこのショートカットキー。

Ctrl を押しながら Z

✔ Macの場合は「command」+「Z」

#06 戻す操作の取り消し

05の操作で戻しすぎてしまった…！ そんなときはこれ。

Ctrl を押しながら Y

✔ Macの場合は「command」+「Shift」+「Z」

作業効率UPのために
積極的に覚えましょう！

029

Windowsで使えるショートカットキー

基本的なものから、複数のデスクトップを作成できる「仮想デスクトップ」のものまで、便利なショートカットキーをご紹介。

01 よく使う基本のショートカットキー

`Ctrl` + `O` ファイルを開く

`Ctrl` + `S` ファイルを保存する

`Ctrl` + `Z` 操作を元に戻す

`Ctrl` + `C` 選択した項目をコピー

`Ctrl` + `X` 選択した項目を切り取る

`Ctrl` + `V` コピー・切り取りした項目を貼り付ける

本当によく使うので覚えておくと作業がはかどりますよ！

02 Zoomで使えるショートカットキー

`Alt` + `A` ミュートのON/OFF

`Alt` + `V` ビデオのON/OFF

`Alt` + `S` 画面共有のON/OFF

`Alt` + `H` チャットパネルのON/OFF

Zoom設定画面の「キーボードショートカット」画面でショートカットを有効化するのをお忘れなく♪

03 Windowsロゴキーを使ったショートカット

⊞ スタートメニューを表示する、または閉じる

⊞ + **L** PCを一時的にロックする、
またはアカウントを切り替える

⊞ + **D** ウィンドウを最小化して
デスクトップを表示する

⊞ + **Tab** タスクビューを表示する

⊞ + **Print Screen** スクリーンショットを
撮影して保存する

意外と使える！

04 仮想デスクトップのショートカット

⊞ + **Ctrl** + **D** 仮想デスクトップを追加する

⊞ + **Ctrl** + **←→** デスクトップを切り替える

⊞ + **Ctrl** + **F4** 仮想デスクトップを閉じる

仮想デスクトップは、複数の作業を並行して行なうときや
たくさんの資料を参考に作業するときにとても便利です！

ショートカットキーをうまく使いこなして、
作業効率をアップさせましょう♪

Macで使えるショートカットキー

ブラウザ上の作業やスクリーンショットなど、Macを使って
いる人はこちらのショートカットキーでスピードアップ！

01 ブラウザ上で使えるショートカットキー

 アプリの切り替え

 新しいタブを開く

 タブを閉じる

> タブの切り替えは
> 時間の短縮にもつながります

02 スクリーンショット

 全画面のキャプチャ

 指定範囲のキャプチャ

> スクリーンショット後は、トリミングや文字を追加する
> などして、メモとしても役立ちます。

03 意外と知らないショートカットキー

アプリケーションを<u>強制終了</u>

（電源ボタン）

Macを<u>強制的に再起動</u>

＼覚えておくと便利です！／

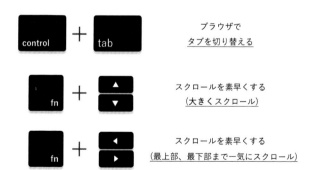

※操作時に保存していない項目は
失われるので注意が必要です。

control + tab

ブラウザで
<u>タブを切り替える</u>

fn + ▲ ▼

スクロールを素早くする
<u>（大きくスクロール）</u>

fn + ◀ ▶

スクロールを素早くする
<u>（最上部、最下部まで一気にスクロール）</u>

効率を高めるブラウザショートカットキー

ウェブブラウザでもショートカットキーを使って、タブを開く
などの作業を素早く行うことができます。以下を試してみて。

pc shortcut key
1 新しくタブを開く

Ctrl
Macはcommand ＋ **T**

pc shortcut key
2 タブを閉じる

Ctrl
Macはcommand ＋ **W**

pc shortcut key
3 ブックマークに追加

Ctrl
Macはcommand ＋ **D**

pc shortcut key
4 ブラウザ内検索

Ctrl
Macはcommand ＋ **F**

使いながら覚えていきましょう

Gmailで使えるショートカットキー

まずはGmailの設定画面でキーボードショートカットを有効
に。ショートカットキーを使いこなして作業スピードアップ！

01 宛先の追加

Mac の場合は
Ctrl を⌘(Command) に置き換えて

CC 追加
（共有）

宛先も個人情報。
プライバシー徹底は常識！

BCC 追加
（他の人に知られずに共有）

02 見た目の調整

文字を選択のうえ

太文字化 "Bold" の B!

斜体化 "Italic" の I!

下線追加 "Underline" の U!

03 リスト化

文字を選択のうえ

番号リスト化

あ　　　　1.あ
い　→　2.い
う　　　　3.う

箇条書きリスト化

あ　　　　・あ
い　→　・い
う　　　　・う

引用文として表示

あ　　　　｜あ
い　→　｜い
う　　　　｜う

右上の ? マークからヘルプを表示して、そのほかのショートカットの確認もできます！

CHAPTER 1 ｜ すぐに役立つ仕事力アップ Tips

Chrome拡張機能で作業効率UP

ウェブブラウザ「Google Chrome」に好みの機能を追加できる「拡張機能」。Chromeウェブストアで検索してインストールしてみて。

01 スクショをもっと便利に

Awesome Screenshot

スクリーンショットが
もっと便利になる拡張機能。
通常は画面に表示されている部分しか
スクショできませんが、
Awesome Screenshotを使うことで
サイト全体のスクショや選択範囲内の
スクショができます。

02 ブックマークをもっと自由に

Evernote Web Clipper

ウェブ上で見つけたサイトの情報を、
Evernoteアカウントに保存できる機能。
スマートフォンなどにEvernoteを
ダウンロードすれば、保存した情報を
いつでも、どのデバイスからでも
確認できます。

03 拡張機能を一括管理

SimpleExtManager

インストールした拡張機能を
一括管理できる拡張機能。
必要に応じて有効や無効にしたり、
削除したりすることができます。
これで複数の拡張機能を
簡単に使いこなせるようになります。

覚えておきたいGoogleドライブ豆知識

クラウドストレージ「Googleドライブ」上で使える便利な機能をご紹介。使いこなせば、データ管理がよりスムーズに！

01 簡単なファイル検索

1. 検索窓を選択

2. 「種類」や「オーナー」の「▼」マークを押すと、検索する項目を詳細に絞ることができます

02 豊富なショートカットキー

1. 「Ctrlキー（Windows）または⌘（command）（Mac）」と「/」を押す

2. ウェブ上のキーボード ショートカットを一覧で表示できます

03 データ共有

1. 共有したいフォルダやファイルを右クリック

2. 「共有」を選択。メールアドレスを入力して共有。またはファイルへのリンクを取得し、リンクを共有します（閲覧のみ、編集、コメント可などの設定も忘れずに！）

> ぜひあなたのお気に入り機能を見つけて活用していきましょう！

すぐに使えるWordの小ワザ

書類づくりなどで使うことの多いWord。ショートカットキーをはじめ、知っておくと便利な小ワザをご紹介します。

01 ショートカットキー

- 太字にする　　　　　→Ctrl+B
- 下線をつける　　　　→Ctrl+U
- 斜体にする　　　　　→Ctrl+I
- フォントの大きさ　　→Ctrl+Shift+＜または＞

※Macの場合はCtrl=Command

02 クリップボード

Word独自のクリップボードは最大24個のデータを保存可能です！
資料作成時に、複数のデータを切り取ってコピーしたり移動したり
することができます。

ホーム＞クリップボード
右下の↘矢印をクリックするとパネルが表示されます。

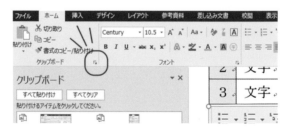

03 隠し文字

隠し文字設定をすると、画面上では表示されていても印刷されなくなります（画面表示はホーム>段落>編集記号の表示／非表示で設定可）。
渡す資料の表示内容の一部を、相手によって変えたい場合や試験問題用紙を作成するときなどにも役立ちます。

ホーム>フォント>右下矢印>隠し文字にチェック

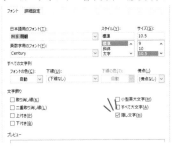

◆Before

1	文字	文字設定	隠す
2	文字	文字設定	隠す

◆After

1	文字	文字設定	
2	文字	文字設定	

便利なWordの小ワザを身に付けて
仕事効率アップ♪

すぐに使えるExcelの小ワザ

ビジネスではいろんな場面で使われる表計算ソフトの
Excel。小ワザを使って、作業効率をUPさせましょう。

 01　表作成はテーブル機能を活用

「挿入」タブ ＞「テーブル」

対象範囲を選択して、Ctrl + T / Ctrl + L でも◎

セルごとに計算式を入力するのって、扱うデータ数が多くなる
ほど大変になってきますよね。テーブルに設定をしておけば、
ひとつのセルに計算式を入力するとその列全体に自動で計算式
が反映されます。ほかにも、データの並び替え、フィルター、
書式設定などが簡単に行なえるようになるのでおすすめです。

 02　行（列）をまとめたいときはグループ化

「データ」タブ ＞「グループ化」

対象行（列）を選択して、Shift + Alt + → でも◎

横や縦に長い表は重要な部分がわかりにくく確認するのに時間
がかかってしまいます。例えば特定の行（列）だけを確認した
いとき、見なくてもいい複数の行（列）をグループ化すると、
まとめて一時的に非表示にすることができますよ。クリックひ
とつで再表示できるので、この機能を使って情報量が多くても
見やすい表を作成しましょう。

 03　ウィンドウ枠固定で表を見やすく

「表示」タブ ＞「ウィンドウ枠の固定」

扱うデータの数が多くなればなるほど、行や列が増えていきま
すよね。スクロールしてどの項目のデータかわからなくなって
しまわないように、ウィンドウ枠の固定をしましょう。行や列
を好きな位置で固定し表示したまま、ほかの部分をスクロール
することができます。

Excelの便利機能を使いこなして
日々の作業効率をUPしましょう！

単位をつけたまま計算したい

「ホーム」タブ ＞「数値」表示形式 ＞ ユーザー定義

対象範囲を選択して、右クリック＞セルの書式設定でも◎

セルに直接「100箱」と単位を入力すると、文字列として認識され計算式を入れることができません。そんなときは、セルの表示形式をユーザー定義から好きな設定に変更しましょう。表示させたい文字は" "で囲ってください。表示はされても実際に入力されているのは数字のみなので、ばっちり計算できますよ。

不要な空白セルを一括選択＆削除

【選択】対象範囲を選択し、Ctrl ＋ G ＞「セル選択」 ＞「空白セル」に✓ ＞ OK

【削除】右クリック ＞ 削除を選択 or Ctrl ＋ －

空白セルがあるから計算式がうまく使えないなんていうときにおすすめなのがジャンプ機能です。一気に不要なセルを選択・削除して、作業時間を短縮しちゃいましょう。

入力セルの移動方向を変更

「ファイル」タブ ＞「オプション」＞「詳細設定」 ＞「Enterキーを押したら、セルを移動する」に✓ ＞ 方向を選択

初期設定のままだと、Enterキーを押したら入力セルは下に移動しますよね。例えば横にたくさんの項目が並ぶデータ入力をしたいとき、右に移動するよう設定したら入力効率がぐんと上がります。何を入力したいのか、目的に合わせて設定をカスタマイズしてみてください。

今日から使えるPowerPoint役立ちテク

会議やプレゼンの資料づくりで利用するPowerPoint。「スライドマスター」機能を活用すると、作業が楽になります！

スライドマスター
を活用しましょう！

スライドマスターとは、
フォントやテーマカラーなど全てのスライドに
適用したい設定を定義できるPowerPointの機能のことです。
一度設定すればずっと使えるので、
いつでも同じ品質で見やすい資料がつくれます。

◆ スライドマスターの開き方 ◆

表示タブから「スライドマスター」を選択

01 和文・欧文フォントを設定

スライドマスター＞フォント＞フォントのカスタマイズ

同じフォントサイズでも和文と欧文では見た目のサイズに
違いが生じてしまうことがあります。
相性のいい和文・欧文フォントをあらかじめ設定しておく
と便利です。

おすすめのフォントの組み合わせ

欧文フォント：Segoe UI
和文フォント：メイリオや游ゴシック

02 テーマカラーを設定

`スライドマスター＞配色＞色のカスタマイズ`

たくさんの色を使いすぎると伝えたいことがわかりにくくなります。目立たせたいキーワードに使う色や見出しに使う色など、ルールを決めておけば統一感が出てわかりやすさもアップします。

使う色はベースカラー、メインカラー、アクセントカラーを基準に決めるとまとまりやすいです。

おすすめの色の決め方

会社で作成する資料の場合は、
メインカラーはコーポレートカラーを、アクセントカラーはメインカラーの補色にするのがおすすめです。

03 背景色を設定

`スライドマスター＞背景のスタイル`

新しいスライドを追加するたびに背景色を設定するのは面倒ですよね。背景の書式を設定しておけば、何枚スライドを追加しても常に同じ背景が適用されます。

ワンポイント
暗い部屋で画面に投影する場合は、背景色を薄いグレーにすると目に優しく見やすいです。

便利なSlackのショートカットキー

ビジネス向けのチャットツール「Slack」を使っている方も
多いのでは？ ショートカットキーを使って時間を短縮！

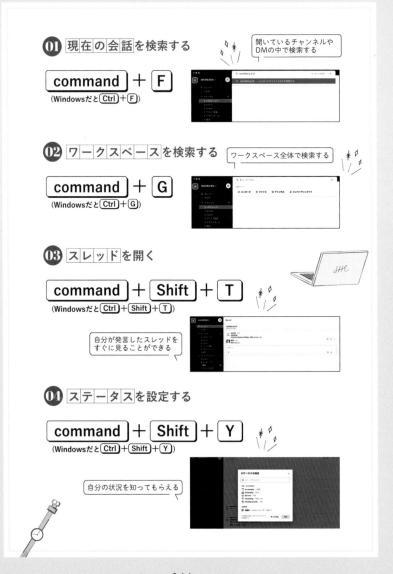

01 現在の会話を検索する

開いているチャンネルや
DMの中で検索する

command ＋ **F**
（Windowsだと Ctrl ＋ F ）

02 ワークスペースを検索する

ワークスペース全体で検索する

command ＋ **G**
（Windowsだと Ctrl ＋ G ）

03 スレッドを開く

command ＋ **Shift** ＋ **T**
（Windowsだと Ctrl ＋ Shift ＋ T ）

自分が発言したスレッドを
すぐに見ることができる

04 ステータスを設定する

command ＋ **Shift** ＋ **Y**
（Windowsだと Ctrl ＋ Shift ＋ Y ）

自分の状況を知ってもらえる

Slack "じぶんスペース" 活用術

Slackに自分専用のワークスペースを開設して、TO DOリストを
作成したり、気になる情報の保存場所として活用しましょう。

01 TO DOリスト

ポスト機能の活用

チェックボックス付きリストで仕事や勉強のタスク管理ができます。

PCでもスマホでも
ログインできるので、
いつでもどこでも
確認・編集ができて便利です！

02 Webスクラップブック

Web記事のストック

Webサイトや記事をストックして、スクラップブック化できます。

URL入力でサムネイルが表示されるため、
一目でどんな内容かわかりやすいです！

03 スニペット機能を活用

メモ作成やブログ記事編集

長文のテキストや定形文などの一括管理、編集ができて便利です！

・メールの雛形文書　　・会議の議事録
・noteやブログの下書き　・アイデアメモ　etc.

Slackの機能とじぶんスペースの活用で
日々の作業効率をUPしましょう！

取り入れたい便利なPC周辺機器

パソコンでの作業がもっと快適になるアイテムをピックアップ。まだ使っていない人はぜひ取り入れてみて。

First PCスタンド

ノートPCを使用していると
つい姿勢が悪くなってしまいがち。
気付かぬうちに体に大きな負担が
かかっています。
そこで、スタンドを使って
画面の高さを上げることで、
自然と姿勢が良くなり
つらい肩こりや腰痛が改善します。

こちら、かなりおすすめです！
MOFT Laptop Stand

Second ポータブルSSD

SSDはHDDと同じく
データを保存する媒体ですが、
HDDに比べて
データのやり取りが高速です。
発熱せず音も静かですし、
振動にも強くて軽いのが特徴です。
1TB以上のものもあり
容量は十分安心できます。

ELECOM
外付けポータブルSSD(250GB)

Third マルチハブ

最近のノートPCは、
シンプルなデザインにするためか
既存のポートが限られている
ことが多いです。
マルチハブがあれば
PCにない端子を挿すことができ、
作業効率もグッと上がります。

TUNEWEAR
ALMIGHTY DOCK CM3

nice goods for nice creation!

仕事ができる人のノート活用法

アイデアや自分の考えをノートに記録するときに「図解メモ」を
取り入れると、頭の中が整理されて見返しやすくなります。

図解メモとは？

自分の考えを図で整理し、メモとして残すこと

6つのメリット

❶ 言葉を省略するのでスピーディーに記録できる
❷ 話が複雑でも関係性を理解しやすい
❸ ヌケ、モレ、矛盾を発見しやすい
❹ 記憶に定着しやすい
❺ 後からアイデアを展開しやすい
❻ プレゼン資料に転用できる

図解の基本は
四角形と矢印！

「AとBはライバルだ」

双方向の矢印は、
2者間の「対立」を表現できる

「Aからの影響はCよりBの方が大きい」

矢印の太さで、
「関係の強弱」を表現できる

「AはBにプレゼントを渡す」

シンプルなイラストが入ると
より伝わりやすい

図解メモで、話を聞きながら
頭を整理してみましょう！

参考文献：『頭がよくなる「図解思考」の技術』永田豊志・著／KADOKAWA・刊

iPadノート活用法

アプリとApple Pencilを使って、iPadをノート代わりに。紙ではできない、デジタルならではの便利な機能がいっぱいです。

01 iPadノート 4つのメリット

すぐにシェアできる
書いたらすぐにAirDropやメールで共有！会議でも大活躍♪

画像を取り入れられる
写真やスクショを入れて、伝わりやすいノートに！

荷物が最小限になる
ノートも手帳も1台で完結！何冊も持ち歩かなくてOK

自動バックアップでなくさない
「あのメモどこ行ったっけ!?」と探すことがなくなります

02 おすすめアプリ

GoodNotes

＼ここがおすすめ！／

- 画像のトリミングがしやすい
- 後からキーワード検索できる
- 手書き文字をテキストデータ化できる
- コピペ、拡大・縮小、移動も直感的にできる

03 あると便利！な周辺グッズ

ペーパーライクフィルム
ディスプレイが紙のような質感になる保護フィルム。
ツルツルしないので書きごこち◎。

Apple Pencilも収納可能なケース
iPadとApple Pencilは一緒に持ち運ぶのがベスト！
充電の際になくしやすいApple Pencilのキャップもケースにしまっておけば安心。

iPadノートで暮らしをアップデートしましょう！

書類データ化のすすめ

紙の書類をデータ化するのは、iPhoneの機能やアプリを使えば簡単。スマホのカメラであっという間にスキャンできちゃいます。

1 iPhoneメモアプリ

HOW TO

①メモアプリのカメラを起動
②書類をスキャン！

> iPhoneやiPad、iCloud上から
> いつでも確認できます♪

2 オンラインストレージアプリ

Googleドライブ（Androidのみ）

Dropbox

HOW TO

ホームメニューの追加ボタン
からスキャンを起動！

> お使いのストレージに合わせて
> 使用してみましょう！

3 Adobe Scan

HOW TO

①アプリのカメラを起動
②書類をスキャン！
③PDFが自動で「Adobe Document Cloud」
　へアップロードされます

> ツールを活用して
> スマートにデータ化しましょう♪

忙しい人のメール管理術

Gmailの便利な機能をうまく使って、ついつい放置し
てしまいがちなメールをすっきり管理しましょう！

未読メール、溜まっていませんか？

メルマガやSNSの通知のメールなど、
1日にたくさんのメールが届きますが、
「後で確認しよう…」と思っているうち
に、ついつい放置してしまっていませ
んか？

ここでは、重要なメールを見逃したり
放置してしまわないようにするための
Gmail活用術をお伝えします！

01 スヌーズ機能でリマインド

「スヌーズ」は、メールの表示を遅らせ、必要になるまで
一時的に受信トレイに表示されないようにすることがで
きる機能です。
リマインドを設定しておけば、大事なメールを放置して
しまう心配がなく安心です。

> 明日、来週、今日の夕方など、指定したタイミングになるとメー
> ルが受信トレイの最上部にもう一度表示されます。

02 検索演算子ですばやく見つけ出す

検索演算子と呼ばれる単語や記号を使用して、
Gmailの検索結果を絞り込むことができます。
これらの検索演算子を活用すれば、埋もれてし
まったメールも見つけやすくなります。

件名に含まれる単語から探す	subject:
送信者から探す	from:
指定したラベルから探す	label:

> 複数の演算子を組み合わせて検索結果をさらに絞
> り込むこともできます。

引用：Gmailヘルプ
https://support.google.com/mail#topic=7065107

会議がスムーズに進む資料作成のコツ

資料をつくりはじめる前に目的を明確にするのがポイント。自分への質問形式にすると、答えが出やすくなります。

▮*STEP 1*　紙とペンを用意する

まず、紙とペンをご用意ください。
裏紙でもノートでも鉛筆でもマーカーでもなんでもOK！
スラスラ書けるものがおすすめです。

▮*STEP 2*　紙に３つの質問を書く

Q1
今回の会議は何のために行なうのか？
また、その目的を果たすために必要な情報は何か？

目的が定まれば、どんな資料が必要なのかが明確に！

Q2
会議に参加するのはどのような人たちか？
　（仕事・年齢・働き方・役職など）

参加する人の特徴がわかれば、資料スタイルが明確に！
（文字サイズや図と文章の割合、補足説明の有無など）

Q3
会議の目的が果たせなかったときは、
いつまでに決めるべきか？

想定外のときに焦らず会議進行と次の提案ができる！

▮*STEP 3*　上記の質問に回答する

「？」をつけて紙に書き出すことで、
自然と質問に答えようと脳が頑張ってくれます。
思いついたことを躊躇せずに書いてみてください♪

資料作成は事前準備が決め手！
PCに向かう前に
ぜひ試してみてください♪

仕事でほめられる資料作成のコツ

同じ内容でも、一目見てわかりやすい資料は説得力がUP。以下の点に気を付けると、グッと読みやすいものになります。

01 フォントを選ぶ

おすすめのフォント

- メイリオ
- MS Pゴシック
- ヒラギノ角ゴ
- 游ゴシック体

和文にはゴシック体と明朝体がありますが、資料作成ではゴシック体を使用しましょう。ゴシック体は視認性に優れていて、力強い印象も与えます。

02 文字組みを整える

情報の重要度を整理して、文字組みを整えましょう。
細かい箇所ですが細部までしっかり意識すると資料が洗練されます。

文字のサイズ
投影するなら最小**16pt** 資料なら最小**32pt**

記号や単位（円やkgなど）
記号を小さくすることで **数値**を目立たせる

行間
文字の高さの**0.75倍**

強調したい文字
塗り+白ヌキ文字 がおすすめ

03 要素を整列させる

テキスト、表、画像などは整列の配置を意識しましょう。
煩雑に並んでいると見にくい資料になってしまいます。
基本は左揃え。重要なページや要素が少ないページでは
中央揃えも使用しましょう。

04 カラーを選ぶ

おすすめのカラー

#ベースカラー
······資料の背景色

#メインカラー
······見出しなど

#アクセントカラー
······強調したい箇所

たくさんの色を使いたくなりますが、色が多いと全体の印象が散漫になってどこに注目したらいいかわからなくなってしまいます。スライド全体では使う色を基本3色に絞るのがコツ。3色をバランスよく使いましょう。

仕事ができる人の会議メモ

会議を漠然と記録するだけでは、あとで読み返したときにわかりにくいメモになってしまいます。以下のポイントを押さえて。

01 現状をメモする

今何が起きているのか
現状をメモします。

事実と発言者の解釈は
分けてメモすることが
大切です！

02 問題点をメモする

問題点をメモします。

今起きている問題と
これから起こりそうな問題は
分けてメモしましょう。

解決策を考える際に役に立ちます。

03 解決策をメモする

問題点に対する
解決策をメモします。

実行する
担当者と期日も
忘れずにメモしましょう！

読み返してもわかりやすい会議メモで
仕事ができる人に！

仕事のミスを減らすマインドセット

「マインドセット」とは自分の考え方や思考のこと。ミスをしても、マインドセット次第で悪循環を断ち切ることができます。

Step 1 ミスは誰にでも起こる

ミスは「自分がダメだから」
起きるのではありません！

必ず「原因」があるんです。
コミュニケーション不足や集中力が切れた、
睡眠不足etc.

決して「あなたはダメ」ではない。

理由を「分析」してみましょう。

Step 2 ミスを「資産」に変える

理由を分析すれば「対策」が立てられます。

ダブルブッキングならスケジュールアプリを。
すべて覚えきるのが難しいなら
メモの習慣を身につけるなど。

ミスした数だけ、できることが増える。
働くための「資産」になります。

Step 3 とにかくリラックス

ここまでできたら
振り返るのは、もう終わり。
あとは前を向きましょう。

平常心でいること。それは
ミスの連鎖を防ぐことにもつながります。

> まだまだ続く、お仕事人生。
> あなたらしく歩けますように！

仕事の合間に！簡単ストレッチ3選

仕事に集中していると、つい姿勢が悪くなったり、同じ姿勢を続けてしまうもの。ストレッチをして体をすっきりさせましょう。

01　肩甲骨ストレッチ

肩甲骨の可動域を広げていきます。
片腕を上に伸ばし、5秒ほどかけて腰の位置まで下ろします。
左右5回ずつ行ないましょう。

 ぞうきんで窓を拭くイメージで行なうとより効果的です♪
腕を大きく動かしましょう。

02　足指体操

椅子に座り、片脚を伸ばします。
伸ばした方の足指に手の指を入れて握り、
足裏を5秒ストレッチしたあと、
足の甲を伸ばして5秒キープしましょう。

 習慣づけると血流が促進され、冷えやむくみが改善します！

03　脚のストレッチ

椅子に座り、つま先を床につけた状態でかかとを上げ、
15秒キープします。
次にかかとを下ろし、つま先を上げて15秒キープしましょう。
その後、かかとを軸に両足を左右に揺らします。

「第二の心臓」とも呼ばれているふくらはぎ。
日頃から意識してほぐしていくことが大切です。

ストレッチで体をほぐして
健康的な一日を過ごしましょう！

おうち職場化のすすめ

テレワークを実施する企業が増え、自宅で仕事をしている人も多いのでは？ 快適に作業するためにおうちを職場化しましょう！

01 ON・OFFの切り替え準備

スタート時に1日のスケジュールを決める

何時までどの作業をするか、休憩はいつとるか、業務の優先順位は何かなどをまとめて作業の見通しを立てましょう。

切り替えスイッチを用意する

始業時にはブラックコーヒーを、休憩中は好きな音楽を、などON・OFFのルールをつくって切り替え習慣を身に付けましょう。

02 おうち環境を整える

テーブルと椅子の高さを見直す

テーブルから椅子の座面までの高さ【差尺】を整えて、肩や腰に負担の少ない姿勢を心掛けましょう。
パソコン作業時の理想の差尺＝身長×0.55÷3−2.5です。

部屋をきれいに保つ

いい仕事はいい環境から。
自分だけが過ごすおうちでもパソコン周りは常に整理整頓し、ホコリのたまらない状態をキープしましょう。

03 サポートグッズを導入

マルチポートUSB充電器

デスク周りのコードはまとめてすっきりと。

サブディスプレイ

2つの画面で作業効率化。

コードレス加湿器

肌や喉の乾燥を防いで快適に。

工夫次第でおうちは職場化できる！

集中できる環境づくりで
自由な働き方を目指しましょう

在宅ワークがはかどる部屋づくり

自宅で仕事をするときは環境づくりが大切。以下の3つの
ポイントを押さえて、仕事がはかどる部屋にチェンジ！

01 作業スペースを整える

机や床の上がごちゃごちゃしていると
部屋が圧迫されて見えてしまいます。
作業に必要な物だけ置くようにしましょう。

スッキリPOINT

配線類はなるべくまとめて
見えないように隠しましょう

02 色を多用しない

ワークスペースにビビッドカラーを多用
すると、気が散って集中力が切れる原因
となります。白・黒・グレーなどをベー
スにして、3〜4色に抑えましょう。

スッキリPOINT

柄物はなるべく減らし、
無地の割合を増やしましょう

03 観葉植物を置こう

植物には空気をリフレッシュしてくれたり、
ストレスを軽減する効果があります。
また、緑色は目の疲れもとってくれるので
仕事の合間に植物を見て休憩しましょう。

スッキリPOINT

初心者には育てやすい
ガジュマルがおすすめです

スッキリしたお部屋で心も体もHAPPY ♡

リモートワークのストレス解消法

ひとりで仕事をしていると、知らず知らずのうちにストレスが
たまっているもの。こまめなストレス解消を心掛けましょう。

#01　心地よい環境を整える

◯ 芳香剤やアロマでリフレッシュ

香りには心や体をリラックスさせる効果があります。リラ
ックス効果のある柑橘系やオリエンタル系の香りは特にお
すすめです。

◯ お昼休みはおうちカフェ♪

普段はコンビニや食堂で済ませがちな昼食を丁寧につくっ
てみる、コーヒーを淹れてみる、少しの工夫で午後のお仕
事へ向けてのエネルギーをためることができます。

◯ 空気の入れ替えをしてスッキリ

なんだかぼーっとするな…というときは、窓を開けて空気
を入れ替えることで、部屋の中へ酸素が取り込まれ頭がす
っきりします。

#02　運動不足に気を付ける

◯ 気分転換の筋トレ

体を動かすことで「幸せホルモン」とも呼ばれるセロトニン
が分泌されます。座ったまま足を浮かせる、かかとを上げ下
げするなど、その場でできる簡単な筋トレがおすすめです。

◯ 仕事前に朝散歩

朝散歩には、体内時計を整える、不安な気持ちを抑える、
とメリットが多いです。時間に余裕のある朝に散歩をすると
すっきりとした気持ちで仕事を開始することができます。

#03　コミュニケーションは一番のストレス解消

◯ 人と話すイベントを意識的につくる

リモートワークが続くと今日1日誰ともしゃべらなかった…
という日も少なくありません。意識的にオンライン飲み会
のような人と話すイベントをつくることで、自然とストレ
ス解消になります。

疲れ知らずの人の在宅ワークグッズ

在宅ワークのいいところは、自分の好きなように環境を整
えられること。疲れを残さないためのアイテムをご紹介！

01 お気に入りのもの

アロマキャンドル

お気に入りの香りは気分が上がりますよね！
レモン、ローズマリー、ペパーミントなどは
集中力アップの効果もあり。
せっかくおうちにいるなら、お仕事しながら
香りに癒やされちゃいましょう♡

02 リラックスできるもの

オーガニックハーブティー

いつでも好きな飲み物が飲めるのも
在宅ワークの嬉しいポイント！
仕事中のイライラや、ストレスにも効果が
高いハーブティーなら普段と環境が
違っても穏やかに取り組めます。

03 姿勢を保つもの

パソコンスタンド

姿勢が悪いと疲労感、肩こりなどの原因に。
自宅でも正しい姿勢をキープするために
おすすめなのが高さを調整できる
PCスタンド！
姿勢を保つことでダイエット効果も◎

おうち環境を整えて在宅ワークを
楽しんじゃいましょう♪

オンライン会議のお作法

相づちや背景についてなどオンラインならではのマナー
を知って、オンライン会議をスムーズに進めましょう。

Point 01 リアクションに注意

☑ **相づちのやりすぎはNG**

☑ **リアクションは少しオーバーがGOOD！**

通信状態によっては、相手へ伝わる相づち（「はい」など）の
タイミングがズレて相手の発言を妨げてしまう可能性も。
適度な相づちで理解したことを伝えていきましょう。

その際のリアクションは、いつもの1.5倍程がおすすめ。
リアルな場合と比べて反応が伝わりにくいためです。

Point 02 背景に注意

☑ **背景に映るモノにはNOコメントで**

何か言われると「見られた感」がしていやな気持ちの原因になることも。
コメントはできるだけ会議の内容に限定しましょう。

Point 03 雑音に注意

☑ **マイク付きイヤホンがおすすめ**

☑ **咳はミュートに**

周囲の雑音が入り込まないよう、会議中はイヤホンの装着を。
自分の声を通すためにもマイク付きイヤホンがおすすめですよ。

咳・くしゃみなど、会話の妨げになりそうなときは
できればミュートにして聞こえないようにするのがベターです。

リアルではない状況だからこそ、マナーという思いやりを届けて
お互いに気持ちよく会議を進めていきましょう

オンライン会議の背景設定をしよう

自宅でオンライン会議をするとき、背景がごちゃごちゃしていると気になりますよね。TPOに合わせた背景で、会議に集中！

お仕事中こそおすすめしたい
オンライン会議の背景設定

アーティストやテーマパーク、ファッションブランドなど
さまざまな公式Webサイトで提供されている
「オンライン会議用の画像」ですが、
仕事中に使う人は、あまりいないのでは？

けれども実は、お仕事のオンライン会議こそ
背景のカスタマイズが重要なんです！

Point❶ 話のきっかけをつくりやすい

相手との関係性によっては、旅行で行ったことのある場所やお気に入りの動物の画像もおすすめ。共通の趣味が見つかるなど、話題につながっていくことも多いんです。

Point❷ 集中して会議に参加できる

プレゼン中に後ろの状況が気になってソワソワしたら、相手にも伝わってしまいます。背景を設定すれば話し合いに集中できて、自然とあなたへの注目が集まります。

背景画像は自分でもカンタンにつくれる！
無地・グラデーションは相手を選ばず印象◎

「Microsoft PowerPoint」の場合

16：9サイズのスライドを新規作成。
単色やグラデーションのオブジェクトを貼り付け。
↓
「エクスポート」メニューから
「ファイル形式」を選び、**PNG・JPEG**で保存。
↓
あとはアップロードするだけ！

Zoom、Microsoft Teams、Google Meetなど
いろいろなビデオ会議ツールで
設定ができますよ！

集中力を高めるBGMのすすめ

作業用のBGMとしてm-floら人気アーティストが作成
した「ENERGY MUSIC」。集中力UPにおすすめです。

\超集中へ導く！？/
ENERGY MUSIC を聴いて集中力を維持させよう

♪ ENERGY MUSIC とは？

全国のビジネスパーソン2,000名を対象に調査し、その結果と
集中力の専門家の意見を参考にアーティストが楽曲制作を担当。
仕事に集中・没頭することに特化した作業用BGMです。

"ENERGY MUSIC" の特徴

1 アーティスト制作の「楽曲」による集中への導入

まず集中に入っていく際は、アーティストがつくりだす
メロディ、ハーモニー、歌詞などによる「着火」が必要です。
調査の結果によると特に「懐メロ（懐かしさを感じる要素）」
が集中を高めるという傾向が多く見られました。

2 集中を継続し深める自然の「環境音」

高まった集中を邪魔せず継続するには、自然の「環境音」が
有効です。自然界には「1/f ゆらぎ」と呼ばれるリズムがあり、
これを聴くことでリラックス効果が得られ、深い集中に向かう
ことが期待できます。

3 効率的に集中を高める「25minサイクル」

作業用BGM全体の長さは約25分間に設定されています。
これは「25分単位で作業をくり返すと効率よく集中度が高まる」
という研究結果を参考にしたもの。25分間作業したら5分間休息し、
また25分間作業するというサイクルで聴くのがおすすめです。

「Spotify」ほか、
各種音楽ストリーミングサービスで配信されています。
ENERGY MUSICを聴いて集中を持続させましょう

参考サイト https://m-flo.withwantedly.com/

失敗しない社会人の言葉遣い

きれいな言葉遣いは、正しい敬語から始まります。基本中
の基本から、きちんと話せているか見直してみましょう。

CHAPTER 1 すぐに役立つ仕事力アップ Tips

01. まず身につけたい基本の敬語

> すみません
> ▶申し訳ございません

> どうしますか
> ▶いかがなさいますか

> 知りません
> ▶存じません

> 来る▶いらっしゃる、
> お見えになる

> する
> ▶なさる、される

> 言う
> ▶おっしゃる

02. 自分が行なう動作には"謙譲語"を

> 行く・来る
> ▶伺う、参る

> 言う
> ▶申し上げる

> する
> ▶いたす、させて頂く

> 知っている
> ▶存じ上げる

03. よく間違えがちな敬語 Best 3

❌ とんでもございません ➡ とんでもないことです

❌ 了解です ➡ 承知いたしました

❌ ご苦労さまです ➡ お疲れさまです

> 「言葉遣いは心遣い」といわれるように
> 相手を思いやる心が大切です。
> 敬語はその第一歩。
> ちゃんとした敬語を使うことで、
> 信頼関係や円滑なコミュニケーションを
> 築くことができますよ！

CHAPTER 2

仕事が楽しくなる
コミュニケーション

Tips

BEST PRODUCTIVITY TIPS FOR WORKING WOMEN

初対面から好印象な人の共通点

オフラインでもオンラインでも、第一印象は大切。好印
象な人の特徴を真似して、人間関係をよりスムーズに！

1 時間を守る

初対面の印象は、会う前から始まっています。待ち合わ
せに遅刻すると、顔を合わせる前から「時間を守れない
人」と評価ダウンにつながることも。

遅くても、5分前には待ち合わせ場所に到着しましょう。
Zoomなどオンラインの場でも同様に、5分前にはログイ
ンできるよう準備しておくと安心です。

2 身だしなみが整っている

"初対面上手"な女性の身だしなみは、次の2つのポイント
が大切です。

清潔感がある

清潔感は髪と爪に出ます。毛先がパサついていたり、ネ
イルが剥がれていたりしませんか？　髪と爪がきちんと
整っていると、それだけで第一印象がアップします。

TPOに合っている

服装や靴、アクセサリーは、TPOに合わせて選びましょ
う。服にシワがないか、靴は汚れていないかも、確認し
ておきたいポイントです。

3 相手の名前を呼ぶ

「カクテルパーティー効果」をご存知ですか？
賑やかなパーティーの中でも、自分の名前や、気になる
人の会話は脳が察知して耳に入ってくる心理現象のこと
です。

会話の中で適度に相手の名前を呼ぶと、相手の意識がこ
ちらに向くとともに、「興味を持ってくれている」と感
じてもらえて、自然と会話がはずみます♪

えりさんの趣味
って何ですか？

リモートワークでの第一声のポイント

実際に顔を合わせないオンライン会議やリモートワークでは、第一声を大切にして。明るくハキハキと話すようにしましょう。

リモートワークの打ち合わせは 「最初の一言」で第一印象UP！

○○です。
よろしくお願いします！

こんにちは、○○です

オンライン会議では、
名前と声の判別が重要です。
あなたが誰なのか直感的にわかると、
みんなが安心します。

電話なら、まずはあいさつから。
突然かかってくる電話だから
相手もつい身構えてしまうもの。
空気を和らげましょう。

相手への心配り が第一印象UPの決め手です

▼

Point❶ 通話ボタンを部屋のドアと想定

音声ボタンをONする前に笑顔を意識してみましょう。
部屋をノックするときと同じですね。

Point❷ モヤモヤ減らしてストレス軽減

落ち着いて話せる環境をつくることが何より大切。

リモート環境は、対面と比べると
感情がストレートに伝わりやすいもの。
最初に空気をゆるめておくと、進行がラクになりますよ。

話しやすい環境は自分で整えましょう。
自分から動けば、印象アップはもちろん
仕事の自信にもつながります！

愛される人の3つの特徴

周囲に愛される人には共通する特徴があります。コミュニケーションを円滑にする、その特徴をチェックしましょう。

01 ポジティブオーラを放つ

否定的な発言ばかりで、ネガティブなオーラを放つ人は
周りにいる人の気持ちを暗くしてしまいます。

 愛される人は・・・

- いつも笑顔！
- 陰口より陽口（ひなたぐち）（当人のいないところでほめること）を口にする
- ポジティブに、人の長所を見つける

02 誰にでも平等にGIVEする

相手によって態度を変えたり、与えてもらうこと
ばかりを考えていては、信頼を得られません。

 愛される人は・・・

- 誰にでも平等
- 損得感情は後回し
- 与えられるより与える

03 謙虚で、自分を飾らない

完璧を装ったり、自分の非を認めない人は
親しみを抱いてもらいづらく、周囲との間に溝ができがち。

 愛される人は・・・

- 謙虚で素直！
- 完璧でなくてOK！失敗を認められる
- かっこつけない、飾り立てない

愛されメソッドで、ハッピーなチャンスをつかみましょう

信頼される人になるための法則

プライベートでもビジネスの場でも、対人関係において大切な
「信頼」。信頼される人になるには、まずは小さな心掛けから！

rule / 01　　相手を理解する

大切に思っていることはそれぞれ異なります。
まず相手の話を聞き、相手が大切に思っていることを
理解します。

そして、相手が大切に思っている
ことを大切にしましょう。

> 自分の体験から
> 相手がこう思っているのでは、
> と勝手に解釈して接するのはNG！

rule / 02　　小さなことを気遣う

信頼は時間をかけてつくられていきます。
小さなことの積み重ねがとても大切です！
ちょっとした親切や気遣いを日々行ないましょう。

＼今日からできる／
小さな気遣い

① どんなことでも感謝を伝えましょう
② 変化に気づいたら声をかけましょう
③ 会話の中で名前を呼びましょう

rule / 03　　期待を明確にする

期待することが明確でないと、
誤解が生まれ信頼を損なう結果になります。
最初に、期待することを具体的に相手に伝えましょう！

> 仕事でも
> 恋愛でも大切です！

> 信頼される人になって
> 順調な毎日を送りましょう！

人間関係をスムーズにする3つの方法

心掛けやちょっとした方法で、コミュニケーションがよりスムーズに。うまくいかないときに、ぜひ試してみてください。

1 苦手な人とは距離を置く

自分と気が合う人との時間を大切に

苦手な人とうまくやろう！なんて
思わなくていいんです。
ストレスなく接することのできる人との
時間を大切にしましょう。
全員に好かれるより困ったときにお互いに
助け合える人がひとりいる方が
あなたにとって大切なこと。

2 自分のことを話してみる

人づき合いの基本は相手を知ることです。
相手の話を引き出すには
まず自分がオープンに話をすること。
積極的に自己開示をすると
相手の警戒心が解けて
好感や信頼感を与えると
いわれているんですよ！

3 声をワントーン上げる

人づき合いがうまくいかない原因のひとつが コミュニケーション不足

相手に与える印象の9割は非言語だといわれています。
そのうち、話し方が約4割（声の大きさやイントネーションなど）なんです！
いつもより声をワントーン上げて話すなどワンランク上のコミュニケーション
で人間関係をスムーズにしましょう。

多くの時間を一緒に過ごす職場の仲間だからこそ
みなさんが無理せずにいられる
人間関係が築けますように

コミュニケーション力の高め方

相手はもちろん、自分もモヤモヤしないコミュニケーションの
取り方を、好感度の高い芸能人から学んでみましょう。

01 引き出し力

◯ ほめる＋質問

自分がいいなと思う（＝目に留まる）ことは、
自身の関心事項でもあるため話が盛り上がりやすい。

例）「ヘアケアってどうされているんですか？ 初対面でごめんなさい、あまりにもキレイで」
　　（いいなと思ったことをほめる＋疑問系）

02 伝え力

◯ 自分の意見・感情をきちんと伝える

始まり／終わりのトーンを柔らかくすることで
やんわり、でもしっかり自分の意見・感情を伝え、
あとからもやもや悩まないようにする。

例）いやなことを言われたとき：
　　「えー悲しい。めちゃくちゃ傷つく〜」（「えー」＋感想＋語尾を伸ばす）

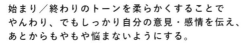

03 受け答え力

◯ ほめ言葉は素直に受け取る

冗談を交ぜて反応しつつも
ほめ言葉をストレートに喜び、自己卑下しない。

例）「xx歳に見えない」と言われたとき：
　　「ほんと？ もっと言って」（「ほんと？」＋冗談）

参考サイト：
日経doors「田中みな実のコミュ力に学ぶ 好感度を大逆転させたワケ」
https://doors.nikkei.com/atcl/column/19/022200063/100500037/
そのほか田中みな実さん出演番組を参考にして作成

ビジネスコミュニケーションのコツ

仕事でコミュニケーションをとる際は、以下の3点を
心掛けて。より円滑に業務を進めやすくなります。

01 タイミング

悪い情報ほどリアルタイムに

ミスやトラブルなどの悪い情報は、
できるだけ速やかに伝えましょう。

相手の都合も考慮しましょう

急ぎの用件でない場合は、
相手のスケジュールを配慮して
時間をもらうようにしましょう。

02 伝える内容

「事実」と「自分の考え」を分けましょう

正確な情報を伝えるためにも、「事実」と「自分の考え」は
しっかり分けるようにしましょう。

「結論」から先に伝えましょう

相手が状況を理解できるよう、伝えたい内容を整理して
「結論」から伝えましょう。

03 伝える手段

口頭で伝えましょう

急ぎの場合は口頭（電話を含む）で速やかに伝えましょう。
また口頭で伝えたあとにメールなどでも
情報を残しておくとなおGoodです！

「報連相」をマスターして
ビジネス上のコミュニケーション力を
高めていきましょう！

押さえておきたい上司とのコミュニケーション

上司との信頼関係の構築は、仕事を進めるうえで重要な要素のひ
とつ。以下の点を心掛けてコミュニケーションをとってみて。

1 上司にアドバイスを求める

部下が上司にアドバイスを求め、上司がそれに応えるこ
とでパートナーシップが生まれます。もらったアドバイ
スはすぐに実行しましょう！

> 上司が部下の意見にも耳を傾け、より親身に
> なって相談に乗ってくれるようになります。

2 仕事の取り組み方をまねする

上司をよく観察し、上司のことを知るきっかけにしまし
ょう。また、わからない部分を質問することは、コミュ
ニケーションにつながります。

> 自分をお手本にしてくれる部下が、
> かわいくないわけありません♪

3 こまめなお礼を大切にする

サポートを受けたり、仕事を任せてもらったら必ずお礼
をしましょう。メッセージカードや、ちょっとしたお菓
子で感謝の気持ちを表すのも効果的です。

> 「こんなに気の利く部下なら仕事を任せ
> ても大丈夫」という信頼につながります。

上手に伝わるシンプルな話し方

Point（結論）、Reason（理由）、Example（具体例）、Point（結論）の
順に話を展開する「PREP法」を使うと、うまく伝えられます。

01　PREP法とは？

ポピュラーな説明の構成方法

ビジネスシーン、プライベートなどさまざまな場面
のコミュニケーションに使えます。

例）プレゼン、上司への報告、
　　初対面の人への自己紹介など

02　まずは結論

初めに結論を伝える

一番記憶に残りやすく、相手に強く印象付けることができます。
相手も何についての話なのかを理解してから聞けるので、
ストレスを感じづらいと言われています。

03　理由 → 具体例 → 再び結論

結論に至った理由を伝えよう

初めに結論を相手に伝えたら、次に結論に至ったまでの理由を述べ
説得力のある内容にします。

理由の具体例を伝えよう

理由の根拠となる具体例を加えるとより相手の理解が深まります。

もう一度結論を伝えよう

最後に、もう一度結論を伝えると、論理的に相手に届きます。

正しく想いを伝える言葉の選び方

感情的な発言や曖昧な言い方は言いたいことが伝わらないだけで
なく、相手が不快になってしまうもの。以下の3つを心掛けて。

01 「怒る」は「お願い」に

相手に怒りたくなるとき、伝えるべきことは自分の感情ではな
く「事実」です。

NG word choice
> どうして同じミスばかりするの？

GOOD word choice
> 今後は同じミスをしないように注意してほしいんだ

02 明確な理由を添える

どうしても反対意見を伝えなければならないとき、明確な理由
を添えることで「意見の押し付け」という印象を避けることが
できます。

NG word choice
> それはダメじゃない？

GOOD word choice
> 私は〜(理由)だと思うから、〜(行動)の方がいいと思う

03 ハッキリとした言葉で

「大丈夫です」や「検討します」など曖昧な表現は誤解やトラ
ブルを招きやすいです。

NG word choice
> 「大丈夫です」「検討しておきます」

GOOD word choice
> 「できます」「対応しかねます(代替案を添えるとなお良し)」
> 「○○日までに検討しお返事いたします」

誰も傷つけない伝え方のコツ

自分も相手も尊重する自己主張法「アサーティブコミュニケーション」を使って、言いづらいことをうまく伝えましょう。

より良い職場環境や、人間関係においてとっても大切なコミュニケーション。
円滑でスムーズなコミュニケーションをとるには
ときには言いづらいことも言葉にして伝えなければなりません。
ただ、伝え方に悩んでうまく伝えられないこともありますよね？
そんなときに知っておくといいのがアサーティブコミュニケーションです。

アサーティブコミュニケーションとは？

自分の気持ちを把握して感情をコントロールしながら
言葉を選んで伝えること。
相手の権利を侵害することなく、自己表現することができます。

つまり……
自分も相手も同じように大切にする方法です。

> では、誰も傷つけない
> アサーティブコミュニケーションの
> 伝え方のポイントを3つ覚えておきましょう！

01 「私」を主語にする

「私」を主語にすればスッと伝わります。
「私はこう思う」「私はこう感じる」と、「私」の視点で、責任の所在を明らかにする話し方を「アイ・メッセージ（I Message）」といいます。

02 否定ではなく受容

お互いに意見が違うことは当たり前で、
それぞれ受け入れられなくても当たり前と理解することが大切です。
相手の意見には、「そうなんですね」「そういう考えもありますね」と
一度受け入れた上で「私はこういう考えです」と伝えましょう。

03 命令ではなく提案

意見を伝える際に、注意すべきは語尾です。
「〜しなさい」「××してください」ではなく、
「○○しませんか？」「してはどうでしょうか」と相手に提案をしてみましょう。
伝え方によって印象が大きく変わってきます。

みんなを幸せにするほめ上手の秘訣

むやみやたらにほめるだけでは、気持ちは伝わりません。ポイントを参考に、自分も相手もうれしくなるほめ方を心掛けて。

01 ほめ言葉を事前に用意しよう

ほめる感覚を知る

「芯があるね」
「頑張ってるね！」

友人や恋人へ

「それ、いいですね！」
「やっぱり任せてよかった」

会社の同僚や部下へ

事前にほめ言葉を数個用意しましょう。
レパートリーさえ準備しておけば、
なんて言おう…と焦ることもありません。
そして意識して使うこと。
徐々にほめる感覚がつかめます。

02 ほめるタイミングが大事

言葉・行動の直後

相手の言動や仕事の成果などを知ったとき
“すぐ”言うのが一番効果的です。
忙しくても手を止め一言伝えるだけでも◎。
すぐに伝えられないときはメールや電話で先に伝えたり、次回会ったときすぐほめるのも効果があります。

03 相手がよく使う言葉に注目

ほめたい相手を観察

こないだのネイリストさん
「スタイリッシュ」で
かっこよかったんだ〜！

このカバン見て！
「スタイリッシュ」だと
思わない？

より効果的に相手をほめるには、ほめたい相手の普段使っている言葉や表現を使ってほめるのも手です。
左の例の場合、「おしゃれ」ではなく
「スタイリッシュ」がその人にとっての
ほめ言葉である可能性があります。

仕事ができる人の好印象な気遣い術

周囲から仕事ができると認められている人は、気配りの達人でも
あることが多いですね。そのテク、マネしちゃいましょう！

01 頼るときの気遣い

人に物事を頼むときは、一度「相手の立場に立って」考えて
お願いしてみると印象UPにつながります。

┌─ *example* ─────────────────────────
- 「お願いします」ではなく「お願いできますか？」
  と疑問形を使う
- 複雑なお願いをするときは5W1Hを伝える

02 トラブルの気遣い

トラブルが起きたときはだれでも焦るもの。冷静に、かつ
相手に気持ちのこもった謝罪をするための準備が必要です。

┌─ *example* ─────────────────────────
- 謝るときは一言「申し訳ございません」
- 同僚や後輩のトラブルには「大丈夫？」よりも
  「大丈夫だよ」と相手を落ち着かせる

03 使った後の気遣い

会議室、食堂、お手洗いなど、たくさんの人が使う場所は
いつでも気持ちよく使えるようにしておきましょう。

┌─ *example* ─────────────────────────
- 会議後のイスは引いたままにしない
- 使用後のデスクやテーブルは軽く一拭き
- 使う前の状態に戻っているか確認をする

仕事に活かせる共感力

「共感力」を高めれば、コミュニケーションがスムーズになります。仕事にも活かすことができますよ。

共感力とは

共感力とは、相手の立場に寄り添った考え方をするチカラのこと。
さまざまな視点をもつことで、仕事・プライベート双方でメリットがあります。

Merit
01 相手に信頼されやすくなる

共感力を活用すれば、**相手の期待以上のパフォーマンスができるかも。**
「そこまで考えてくれたんだ」「あの人ならわかってもらえる」と信頼されれば、
物事がスムーズに進められそうですね。さまざまなシチュエーションを想定した
プランを立てられるようにもなるので、**対応力もUP！**

Merit
02 ミスコミュニケーションを防ぐことができる

相手目線で話すことができれば、言い回しを工夫したり、情報を補足するなど、
伝わりやすくするための工夫を考えられるように。自分が聞く側の場合は、共感
を意識することで、**相手の発言の本当の意図が見えてくる**ことがあります。齟齬
が起こることも減らせそうですね。

Merit
03 隠れたニーズに気付くことができるかも！

相手の目線から物事を考えられるということはつまり、**相手がまだ気付いていな
い課題に先回りして対応することができるチャンス！**「かゆいところに手が届く
ね！」「そうそう、そういうのを求めていたの」と感謝されたら、自分のモチベ
ーションもきっと上がるはず！

押さえておきたいビジネス敬語

ビジネスシーンでは敬語は必須。おさらいしておきたい敬語の基本と、シーン別に使えるビジネス敬語をチェックしましょう。

まずは おさらい！

そもそも"敬語"って…？

○ 尊敬語

話し手が、聞き手や第三者の動作や状態などを高めて言い表すもの。

- ○○商事の□□様が **いらっしゃいました**
- ■■先生、先日は **ご指導くださり** ありがとうございました
- △△社への提案内容については、もう **お聞きになりましたか**？

○ 謙譲語

話し手が、自分や自分と同じ側（同じ会社・チームなど）にあるものに関して、へりくだった表現をすることで相対的に相手や第三者に対しての敬意を表すもの。

- ○月×日に貴社本社ビルへ **伺います**
- 先日頂いた資料を **拝見しました**
- キャンペーンのグッズとして、みなさまに **差し上げて** おります

シチュエーション別！使用例

01 依頼/要望を伝えたいときは

✓ こんなふうに言い換えるとスマート！
「確認しました」　**拝見しました/拝受しました**
「〜してください」　**〜していただけると幸いです**
「（書類やデータを）確認してください」
　　　　　ご査収ください

✓ "お願いします！"の、その前に
　恐れ入りますが/可能であれば/ご面倒でなければ

02 謝罪/お詫びを伝えたいときは

✔ お誘いや依頼を断るときに
あいにくですが/心苦しいのですが
申し上げにくいのですが/せっかくですが

✔ こちらのミスをフォローしてもらうときに
ぶしつけなお願いではございますが
こちらの都合で恐縮ではございますが

 もしかすると相手の勘違いかもしれない!? そんなときは…
お節介かもしれませんが、〇〇ではないでしょうか?
差し出がましいようですが、〇〇の可能性はないでしょうか?

03 質問/教えてもらいたいときは

✔ 初対面の相手・電話の相手に
「差し支えなければ、ご用向きを伺ってもよろしいでしょうか?」

✔ 相手の時間を割いてもらうなら…
「お手数ではございますが、〇〇について
ご教示いただけないでしょうか?」

04 感謝/お礼を伝えたいときは

✔ 「この度はありがとうございました」だけでなく
〇〇のお取り計らいをいただき

✔ お世話になった人の名前と行動を思い出しながら
□□様のお力添えのおかげで、〜することができました

♥ 「ありがとう」にもいろんなバリエーションが!
・**心より感謝申し上げます**
・**感謝してやみません**
・**厚くお礼申し上げます**
・**重ねてお礼申し上げます**

> 大切なのは
> 相手への思いやりです!
> コツを押さえて印象UP♪

間違えやすいビジネス敬語

ビジネスシーンでよく使っている敬語、間違って覚えて
いませんか？　ここで改めてチェックしてみましょう。

01 メールで相手の会社について書きたい！

（×）**御社**

（○）**貴社**

どちらも相手の会社を敬い呼ぶ際に使われる言葉ですが
「御社」は話し言葉、「貴社」は書き言葉で用います。
なお、自分の会社を指すときは「弊社」を使いましょう。

02 電話応対

「鈴木さんにつないで欲しい」と言われましたが
今日は休みのようです。何と答えますか？

（×）**鈴木は本日はお休みを頂いております。**

（○）**鈴木は本日休みを取っております。**

「頂く」は謙譲語。
そのため「お休みを頂いております」という表現は自社に対して
敬意を示していることになり、不適切です。

03 上司にアドバイスを頂きました

どうお礼を伝えますか？

（×）**大変参考になりました。**

（○）**大変勉強になりました。**

「参考」には「他人の意見などを、自分の考えを決める際の
足しにすること」という意味があります。
目上の人に使うのは失礼に当たるため、注意が必要です。

04 正しい自己紹介は？

（×）〜を担当させていただいております。

（○）〜を担当しております。

「〜させていただく」は
「自分の行なうことが相手に良い影響を与えるとき」や
「相手の許可を受けているとき」に使える表現です。
そのため、今回の場合は「〜しております」を使います。

05 来客時の対応
お客様に椅子に座るようすすめましょう！

（△）お座りください。

（○）お掛けください。

「お座りください」は「座ってください」の尊敬語。
誤りではありませんが、犬のしつけの場面が連想されます。
そのため、「お掛けください」のほうがより適切です。

06 お土産を上司に配ろう！
どんな言葉を添えますか？

（△）どうぞお召し上がりください。

（○）どうぞ召し上がってください。

前者では、尊敬語の動詞「召し上がる」に尊敬の敬語表現
「お〜ください」が接合しています。
これは二重敬語となるため不適切です。

敬語は相手を敬う気持ちを示すもの。
しかし使い方を誤れば
相手に失礼な印象を与えてしまうことも。
正しい敬語を使えるよう、
普段から意識していきましょう！

今すぐできる！ 敬語ダイエット

過剰な敬語はかえって失礼になったり、読みにくくなってしまいます。敬語ダイエットを心掛けて、シンプルな文章に！

01 「させていただく」を使いすぎない

> 先日ご連絡させていただきました件、
> 訂正の上、再送させていただきます。

なんて文章、使っていませんか？

基本的に、自分が主語になっている動作については
過剰にていねいに表現する必要はありません。
「ご連絡しました件」「再送いたします」と変えると、
文章がすっきりとしますよ！

02 いやな話こそシンプルに

謝罪や伝えづらいことほど、遠回しな表現になりがちです。
慇懃無礼といって、ていねいな態度がかえって失礼になることも。

「申し訳ございません」「恐縮ですが」と素直に添えるだけで、
誠意は相手へ十分に伝わりますよ。

03 読みやすいメールを心掛ける

メールボックスを開いて未読の通知の多さにうんざりしたり、
朝のメールチェックで時間を消費してしまっていませんか？

残念ながら、「読みたい！」と思われているメールは多くありません。

読み手の時間を奪っている、という自覚をもつことで
シンプルな文章を心掛けることができますよ。

> これですっきり！

参考文献：
『言葉ダイエット メール、企画書、就職活動が変わる最強の文章術』
橋口幸生・著／宣伝会議・刊

試したい質問力の鍛え方

「質問力」とは、疑問に思ったことを的確に周囲に聞くこと
ができる力。質問力を鍛えれば、お仕事にも役立ちます。

01 仮定を提示する

抽象的な質問をする場合、**例**や**数字**を使ってみましょう。

相手は質問の意図が理解でき、答えやすくなります。

> 例) 将来どうなりたいですか?
> 一例えば、5年後までに仕事面で
> 達成したいことはありますか?

02 間を意識する

コミュニケーションの上で「**間**」は重要!

沈黙があると、ついつい言葉を続けてしまいがちですが、その沈黙は相手が質問
に対する回答を一生懸命考えている大切な時間かもしれません。

常に相手のペースに合わせた「間」をとることを意識するようにしましょう。

03 自分の話や意見も交ぜる

あまりに質問が続くと、相手も疲れてしまいます。

そのため、**自分のエピソードや意見**を適度に織り交ぜると、会話にメリハリ
が生まれてgood!

また、自分のことを知ってもらい、相手に親近感をもってもらえるチャンスにも
なります。

> 質問力を向上させて毎日の仕事は
> もちろん、人生の質も高めましょう!

できる人はやっている質問術

疑問に思ったことをただ聞くだけでは、答えが得られないことも。
雰囲気づくりから始めて、コミュニケーションをスムーズに！

01 雰囲気づくり

まず、話しやすい雰囲気をつくることが大切です。

◯ アイスブレイク

アイスブレイクの雑談で、相手の緊張をほぐします。
相手が知っていそうな地域や業界について聞いてみたり、
プライベートな話題について話して自己開示してみたりしましょう。
相手をほめることも効果的です。

◯ 共感

相手の気持ちに寄り添い、共感して話を聞きましょう。
相手の話したことをくり返したり、会話の間でうなずきを多用したり
すると、共感していることが伝わります。
共感することで信頼感が得られ、本音を引き出しやすくなります。

02 質問の使い分け

シーンに合わせて、2種類の質問を使い分けましょう。

◯ オープンクエスチョン

答える範囲に制約を設けず、自由に答えてもらう質問です。
5W1Hを使うとうまく質問できます。
相手に会話の主導権を与えることで、より多くの情報を引き出すことが
できます。
相手に良く考えてもらうことができるので、1on1などで活用しましょう。

◯ クローズドクエスチョン

Yes、Noで答えられる二者択一などの、答える範囲を限定した質問です。
こちらが主導権を握ることで、相手を悩ませずに簡潔に確認を
行なうことができます。
打ち合わせなどで決まった内容を確認する際に活用しましょう。
解釈のずれを防ぐことができます。

> 質問術で本音を引き出し
> 仕事ができる人になりましょう！

聞き逃さないヒアリング術

営業の仕事で大切なのが、顧客の要望をきちんと聞けているか
どうか。そこで役立つ「ヒアリングフレームワーク」をご紹介！

01 SPIN

「SPIN」は下の4つの質問の頭文字を取った言葉で、営業のフレームワークとして活用
されています。顧客が質問に回答していくと、頭の中が整理され、成約への意向が高
まる効果があります。

> Situation：状況質問→顧客の現状を理解する
> Problem：問題質問→顧客のニーズを明確にし、気付かせる
> Implication：示唆質問→問題の重要性を認識させる
> Need-payoff：解決質問→理想の状態をイメージさせる

02 BANT情報

「BANT情報」は法人営業に活用できるヒアリングレームワークで、BANTはヒアリング
事項の頭文字を示しています。4つのうちどれが欠けても成約に至るのは難しく、得られ
た情報次第で提案内容も変わります。

> Budget：予算→顧客の予算金額
> Authority：決裁権→だれが意思決定を行なうのか
> Needs：必要性→だれが何の目的で必要としているのか
> Timeframe：導入時期→顧客が希望する導入時期

03 3C分析

「3C分析」は3つの「C」を頭文字に持つ言葉を組み合わせたもの。通常は自社のマーケ
ティング戦略を決めるときに使いますが、ヒアリングにも活用できます。

> Company：自社→顧客がもつ強みや課題
> Customer：市場・顧客→顧客のターゲット市場やニーズ
> Competitor：競合→顧客や自社にとっての競合他社

> ヒアリングフレームワークを使って事前準備を行い、
> 聞き逃さないヒアリングを心掛けましょう！

仕事がスムーズになる「お願い力」

お願いの仕方によって、相手に受け入れられるかは変わる
もの。ポイントを押さえて"頼み上手"になりましょう！

01 依頼内容は具体的に

お願いされる側の人は、
「いつまでに」「なにをするか」を明確に知る必要があります。

納品物の質を高めるためにも、依頼内容を相手に伝える際は、
5W1Hを意識して話すようにしましょう。

02 質問形式で「YES」を引き出す

仕事をお願いする相手は、ほかにもたくさんのタスクを
抱えている可能性があります。
「○日までにお願いします」と断定すると配慮が欠けていると
思われるので「○日までにできますか？」と質問するのがベター。
相手も自分の意志で決定するので、責任感が生まれます。

03 謙虚な態度を忘れずに

態度と言葉は、ときには相手の印象を大きく左右します。

お願いしたい相手がたとえ後輩であっても、謙虚な姿勢で。
「お忙しいところ恐縮ですが」など、
一言添えるように心掛けましょう。

頼み上手は仕事上手です。
相手の気持ちに寄り添う
コミュニケーションを心掛けましょう

仕事ができる人の上手な断り方

断りづらくて、つい何でも引き受けてしまう…という人も多いの
では？　上手な断り方を知って、時間と労力を確保しましょう。

STEP 01　感謝を伝える

依頼してくれたことへの感謝の気持ちを伝えましょう。

いきなり断ると、マイナスな印象を与えてしまう場合があります。
まず感謝を伝え、相手を承認することで良い関係を保つことができます。

STEP 02　理由を伝える

理由はシンプルに
伝えましょう！

どうして断るのか、きちんと理由を伝えましょう。

時間が取れず着手できそうにない、日程が合わない、
条件面で難しいなど具体的に理由を伝えることで
納得してもらいやすくなります。

STEP 03　次回への期待を伝える

断ることになってしまった残念な気持ちと
次の機会にまた依頼してほしいという気持ちを伝えましょう。

前向きな気持ちを伝えることで今後のチャンスにつながります。

上手な断り方で良い関係を築いて
仕事ができる人に！

できる人の間違い指摘テク

他人の間違いは指摘しづらいもの。自分も相手もいやな気持ちにならないように、以下のポイントを意識しましょう。

step 01 承認する

まず、承認する言葉をかけます。

承認とは相手を尊重することです。
相手を承認することで、こちらの話を
受け入れてもらいやすくなります。

＼ 感謝の言葉はすぐに使える承認 ／

e.g. 「資料をつくってくれて
　　 ありがとうございます！」

「話を聞く時間をつくってくれて
　ありがとうございます！」

step 02 確認してもらう

間違いの事実を伝えて
相手に確認をしてもらいます。

「間違っています」ではなく、
「こうだと思うので確認をお願いします」
という言い方をしましょう。

相手が自ら考える形になるので、
指摘された感がなく
気分も害しにくくなります。

step 03 対策の提案をする

最後に、どうしたら間違えないか
今後の対策の提案をします。

どうしたら間違えなかったか、
相手に聞いてみましょう。
それを踏まえて対策を提案します。

一方的にならないように
気を付けましょう！
間違いを訂正してもらった後も
感謝を伝えることを忘れずに

> 間違いを上手に伝えて
> 気持ちよく仕事をしましょう！

できる大人の雑談術

雑談はコミュニケーションを円滑にする手段にもなります。「話すことがない！」と思わずに、まずはあいさつから始めてみて。

01　会話の始まりは笑顔＋あいさつ

表情は、無意識にたくさんの情報を
相手に伝えています。
中でも笑顔は周囲の雰囲気を明るくする効果が！

さらに「おはよう、今日は暑いね」
「お疲れさま、気を付けて帰ってね」など
あいさつに何か一言をプラスするだけで
「感じがいいな」と思ってもらえて会話が弾むでしょう。

02　「目に見えること」をほめよう

バッグ、ペン、ハンカチ、髪形、靴、スーツ、ネクタイなど
何でもいいので
こだわりが見えるものを見つけてほめてみましょう。

自分のこだわりに気付いてもらえるのは、とても嬉しいもの。
目に入ってきたモノやことに基づいて
それをトピックに話してみましょう！

03　相づちでリアクションしよう

「そうなんだ」「すごい！」などとリアクションをとると
相手も「ちゃんと聞いてくれている」と感じて
気持ちよく話せます。
感情のリアクションは少々大きいぐらいのほうが◎。

相づちは「あなたの話をもっと聞きたい！」といった
思いを伝えることができます。
相手から自然と話を引き出せると、
会話がさらに楽しくなりそうですね！

雑談するときの3つのポイントを
実践して会話を楽しみましょう！

ビジネスの基礎！上手な電話応対のコツ

顔が見えない電話応対はあまり好きじゃないという人も多い
はず。以下の3点を参考に苦手を克服しちゃいましょう！

01 聞き取りやすいスピードで話す

緊張すると早口になってしまいがち。
聞き返されてパニックに…なんてことも。
相手が聞き取りやすいようにゆっくり丁寧に話すことで
気持ちに余裕が生まれ落ち着いて対応できるようになります。

02 相手の言葉をくり返す

「○○についてお伺いしたいのですが」

「○○についてのお問い合わせですね」

部分的に言葉をくり返すことで、聞き取り内容の誤りを防ぐだけでなく
「言いたいことが伝わっている」という安心感を相手に
与えることができます。

03 定型文を用意する

例）取り次ぐ相手が不在だった場合

「○○はあいにく席を外しております。
戻り次第こちらから折り返しご連絡いたしましょうか？」

名前や会社名が聞き取れなかったとき、伝言を承るときなど
よくあるシチュエーションは自分なりのフレーズを
つくっておくと応対がより楽になります。

円滑なコミュニケーションで
きっと仕事もうまくいくはず！

ハッピーな会議のファシリテーション法

もしも会議で進行役を任されたら？　いつお願いされても慌てな
いよう、上手なファシリテーション方法を学んでおきましょう。

会議の進行は
緊張しますよね？

この3つのポイントを守れば
会議がスムーズに進んで

ファシリテーション に

自信をもてるはずです。

ファシリテーション（facilitation）とは、人々の活動が
容易にできるよう支援し、うまくことが運ぶよう舵取りすること。
（中略）会議で言えば進行役にあたります。
出典：特定非営利活動法人 日本ファシリテーション協会

01

議題・会議のゴール
&
議事録係を設定する

会議をスムーズに進行するための下準備
として、まず、**議題・会議のゴール**を設
定しましょう。会議をセッティングする
際に伝えるとベターです。
また進行役に徹したい場合は、だれかに
議事録係をお願いしておくと安心です。

02

参加者全員に
発言のチャンスを
与える

きっかけがつかめず、発言できていない
人が素敵なアイデアをもっていることが
あります。
参加者全員が意見を言ったり、質問しや
すいように配慮しましょう。

03

各自が持ち帰る
宿題をおさらいする

最後に**会議中に発生した宿題（タスク）**
をおさらいしましょう。
だれが、いつまでに、どのように進行す
るのか議事録にまとめると、うっかり忘
れることを防げます。

せっかくみんなで集まれる会議！
ハッピーな時間にしましょう♪

意外と知らないメールのお作法

毎日のようにやりとりするメールですが、基本的なマナー
は把握していますか？　ここでおさらいしてみましょう。

01 宛先

宛先も個人情報

Cc欄に互いに面識のない人の宛先を並べるのは、
個人情報保護の観点からルール違反です。
To、Cc、Bccの違いをしっかりと理解した上で、使い分けましょう。

Memo
To：メインの送り相手
Cc：共有しておきたい相手
Bcc："他の人に知られずに"共有したい相手

Tip!
宛先は御社→弊社、役職順に記載するのが基本！

02 件名

用件が一目でわかるように

Title
NG「先日はありがとうございました」
OK「○○の打ち合わせの御礼」

NGのような件名は、**迷惑メールと勘違いされてしまう**
可能性があるので注意しましょう。

Tip!
件名を強調させたいときは【重要】などの
【】（すみ付きかっこ）を件名の最初に使うとわかりやすくなります。

New message

03 本文

❶ まずは「結論」から

結論⇨詳細を述べることで、
相手に手間をかけさせずに用件を伝えることができます。

❷ 「あいさつ」「名乗り」「結び」

「あいさつ」「名乗り」「結び」は、メールの用件とは別に御礼、
依頼、お詫びメールなどすべてのシチュエーションで必要とされます。
欠けることがないようにしましょう。

Tip!
本文は具体的かつ簡潔な表現に。段落も意識しましょう！

04 添付ファイル

容量

**3M以上のデータはzipファイルに圧縮。
10M以上のデータはファイル転送サービスを
活用しましょう！**

Tip!
添付については相手に必ず一言伝えておきましょう！

正しいメールマナーで
気持ちのいい
コミュニケーションを！

知っておきたいビジネス英語メールの基本

英語でビジネスメールを書くときの基本的なルールを
ご紹介。日本語とは違う点に特に気を付けましょう。

01　ビジネス英語メールの基本形

わかりやすく簡潔に！

新規メッセージ　　送信
1. 件名
2. 本文
・宛名
・あいさつ
・目的
・本文の締め
・結語
3. 署名

Businessmail

日本語のビジネスメールと同様に、英語
の場合でも基本の流れがあります。
英文メールでは、時候の挨拶を書く必要
がありません。また、内容を簡潔に書く
ことがポイントです。

02　件名の例文

明確な言葉で書きましょう！

You can do it!!

<例文>
Request for ～　（～のご依頼）
Confirmation of ～　（～のご確認）
Quotation for ～　（～のお見積）

03　本文の例文（宛名・あいさつ）

初めてメールを送る相手には自己紹介も添えて。

<例文・宛名>
Dear Mr/Ms～,　（～様）

<例文・挨拶>
My name is -- from SHE, inc.　（SHE株式会社の -- と申します。）

> メールの送信前にはスペルミスが
> ないか確認しましょう！

04 本文の例文（目的・締め）

長い文章を書くのはなるべく避けましょう。

＜例文・目的＞
I am emailing to inquire about your service.
（貴社サービスについて伺いたく、メールいたします。）

＜例文・締め＞
If you have any questions, please do not hesitate to contact me.
（ご不明点がありましたら、遠慮なくご連絡ください。）

05 本文の例文（結語・署名）

本文の最後には"結語"が必要です！

＜例文・結語＞
Kind regards,（敬意を込めて。）

＜例文・署名＞
Name（名前）
Company name（会社名）
Address（住所）
Tel・E-mail（電話番号・メールアドレス）

構文を覚えてしまえば簡単！
ビジネス英語メールのポイントを
覚えてスキルアップしましょう！

仕事を受けるときに確認したいポイント

完成のイメージや納期など、取り掛かる前に確認しておきたい事柄
をチェック。不明点をなくしてスムーズに業務を進めましょう。

上司やクライアントから
お仕事を依頼されるときに
どんな質問をしていますか？

**3つのポイントを確認することで
相手が欲しい成果に
近づけることができます。**

---

check point 1
ゴールイメージ

せっかく質の高いアウトプットができて
も、上司やクライアントのイメージと異
なれば良い仕事をしたとはいえません。
あらかじめほかの事例を参考にしたり、
やること／やらないことを決めたりして
ゴールイメージをすりあわせましょう。

---

check point 2
納期

着手する前に、仕事をいつまでに完了さ
せればいいか確認しましょう。また、具
体的なタスクを洗い出し、締め切りが早
いものがないか確認しましょう。

---

check point 3
進捗の
報告タイミング

仕事がどこまで完了したら進捗を報告す
べきか、事前に決めておきましょう。途
中で何度かチェックをしてもらうことで、
上司やクライアントにとって満足度の高
い成果を出すことができます。

ポイントを押さえて、
お互い気持ちよく仕事しましょう♪

想いが伝わる手紙の書き方

オンラインでサッと連絡がとれる時代だからこそ、時間をかけて書いた手紙で想いを伝えてみませんか？

01 相手に合わせて便箋を選ぶ

◆ シンプルなデザインなら、和紙や活版印刷など質感のあるものがおすすめ。

◆ 目上の方への手紙なら、あまり華美ではない白色で縦書きのものを選びましょう。

02 相手を気遣う言葉を入れる

暑い日が続くようですどうぞご自愛ください

ご家族のご健康とご多幸をお祈りしています

厳冬のようですのでお風邪など召しませぬよう

03 感謝の気持ちを伝える

◆ いつも心配してくれてありがとう

◆ 背中を押してくれてありがとう

◆ いつも元気をもらっています

◆ 大好き！

メールもいいですが、手紙だと気持ちが伝わります。ぜひ大切な家族や友人に想いを伝えてみてくださいね。

できる人の仕事引継ぎ術

仕事をバトンタッチする際、きちんと引継ぎを行なわないと後任の人が困ってしまいます。"立つ鳥跡を濁さず"を心掛けて！

#01 引継ぎスケジュールの洗い出し

自身の最終出社日などをもとに
引継ぎのデッドラインを確認！
→逆算でスケジュールを決める

Point 引継ぐ相手の予定もCheck！

引継ぐ相手の予定を確認・相談のうえ、
余裕をもってスケジュールを押さえましょう。
複数人であればあるほど予定調整が難しいので、
スケジュール調整は引継ぎの重要ポイントです。

#02 引継ぐ業務内容のリストアップ

週次や月次のルーティン業務、
突発的な業務などをリスト化
→引継ぎのチェックリストにもなります

Point つまずくポイントも明記すると◎

業務をただ箇条書きにするだけではなく、
自身が取り組んだときにつまずいたポイントを
注意書きとして明記しておくとより親切です。

#03 だれが見てもわかる内容に

引継ぐ業務内容をまとめる際
説明は丁寧であればあるほど◎
→だれが見てもわかるかな？を念頭に

スマートな引継ぎで
すっきり新天地へ！

Point 業務内容＋関係する人の明記

業務内容を丁寧に記載するのはもちろん、
各業務に関係する社内や社外の人が
だれなのかを明記することも重要です。

オンラインコミュニケーションの作法

空気感が伝わるオフラインと違い、オンラインでは些細なことがすれ違いに発展することも。以下のポイントを心掛けて。

01 温かい表現を意識して

淡白な印象になりがちな文面は、読み手に**ポジティブに捉えてもらえるよう工夫をしましょう。相手を気遣う一言を加えたり、感謝の言葉を普段以上に伝えること**からトライしてみてはいかが？　雑談が認められるシーンでは、口語的な文面を意識したり、絵文字を活用してみてもいいでしょう。

02 クイックレスポンスを心掛ける

社会人の常識ですが、リモートワークでは一層大切にしたいスピード感。**文章のやりとりでは、時間を置きすぎてしまうと「どの業務のことだっけ？」と状況確認が必要に。**時間を置いてしまうことはミス発生の原因にもなりかねないうえ、重複したやりとりが発生すれば双方の業務スピードが落ちてしまいます。

03 進捗状況の共有を積極的に

気軽な雑談が難しいぶん、共有は積極的に行ないましょう。例えば**毎日決まった時間に状況報告メッセージを入れる**ことや、「Trello」など**ツールを活用した「見える化」**など、働き方に合わせて検討しましょう。相談時に説明する手間が省けますし、トラブルが発生した場合でもスムーズな対応が可能になります。

オンライン会議編

カメラはON！

対面と比べて情報量が少ないオンライン。**顔を表示させるだけで、信頼感が格段にUP**します。また、余裕があればカメラを見ましょう。**目が合っているように感じてもらえ、安心感につながります。**通話相手の顔が映る画面を縮小のうえカメラ付近に移動させれば、カメラを見やすくなりますよ。

大勢での会議では**ミュート機能も活用**

ミュート機能を使うと、ほかの人の会話中に**遮ってしまうのを防ぐ**ことができます。Zoomの場合、ミュート時でもスペースキーを押している間はマイクを一時的にオンにできるので、覚えておきましょう！

話しやすい雰囲気をつくる

対面と比べ、オンライン会議での発言が苦手な人もいます。通話相手が理解しているかをこまめに確認することで、時間のロスを防ぐことができます。「〇〇さん、いかがでしょう？」と話を振り、話しやすい雰囲気をつくりましょう。

オンラインで使えるアイスブレイク

雑談がしにくいオンラインでのコミュニケーション
は、意識的に「アイスブレイク」を取り入れましょう。

01 アイスブレイクとは？

堅い雰囲気や空気を和らげるための
コミュニケーション方法のひとつ

アイスブレイクを取り入れることで、
オンライン上のやりとりがスムーズになります！

02 アイスブレイクTips

バーチャル背景やお部屋にコメントをする

自分のテリトリーの話を自然にでき、お互いに緊張が一気にほぐれます。
反対に、相手に質問してもらえるような背景やモノをあえて
見せるのも手です。その場合は、もらった質問やコメントに
対するリアクションを事前に考えておきましょう！

自己紹介で意外性のある趣味・嗜好を伝えてみる

「実は…」のフレーズを使い自己紹介のときに相手の興味を引くこと
ができれば、そのあとの会話のきっかけになり話が弾みます。

天候・季節・食べ物など鉄板話は押さえておく

在宅での打ち合わせなら、朝や昼に食べたり作った料理の話をするのも
いいかもしれません。

03 オンラインコミュニケーションTips

・会話のテンションを普段よりもちょっと高くする。

・奥行きを利用し、手を手前に出したり驚いたときに頭を引くと動きが
　出て、コミュニケーション力が豊かに感じます。

オンラインコミュニケーションを
楽しみましょう！

チームで働くときに読みたい本

チームで業務に取り組むと何倍もの成果を得られることがある一
方、足並みを揃えることの難しさも。悩んだら本を参考にして。

THEME 01　いいチームワークを築くには？

THE TEAM 5つの法則

チームを法則として説明している本。
チームにどうかかわるべきか、どう具体的に
行動するべきかを学べます。

『THE TEAM 5つの法則』
麻野耕司・著／幻冬舎・刊

THEME 02　いいチームの実例って？

最強チームをつくる方法

初めてチームに関する本を読むならコレ！
実際に成功しているチームを例に書かれて
いるため、想像しやすく読みやすいです。

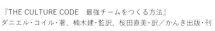

『THE CULTURE CODE　最強チームをつくる方法』
ダニエル・コイル・著、楠木建・監訳、桜田直美・訳／かんき出版・刊

THEME 03　チームでいい人間関係を築くには？

人望が集まる人の考え方

人の習性という観点からより良い人間関係の
築き方が書かれています。
実践的な内容が豊富で、特にチームをまとめ
る立場の人におすすめです。

『人望が集まる人の考え方』
レス・ギブリン・著、弓場隆・訳／ディスカヴァー・トゥエンティワン・刊

チームで働くって悩みも多いけど
たくさん成長できるチャンスでもあります

人づき合いをスムーズにするための本

人間関係に悩んだら、本を参考にしてみて。人づき合い
を円滑にしてくれる、おすすめの3冊をご紹介します。

01 『類人猿分類公式マニュアル2.0 人間関係に必要な知恵は すべて類人猿に学んだ』

この本では人間のタイプをチンパンジー、オランウータン、
ゴリラ、ボノボの4タイプに分けそれぞれの個性の違いを
学ぶことができます。
自分以外のタイプの考えや長所に気付くことができるので
職場の人間関係改善やチーム力の向上に役立ちます。

Team GATHER Project・著
夜間飛行・刊

02 『女子の人間関係』

裏表がある、自分よりも恵まれた女性に嫉妬するなど、
人間のいやな部分に着目し医学的にアプローチ。さまざま
な女性の人間関係の悩みを3ステップで解消します。女性
同士のつき合いを難しいと感じている方におすすめの一冊
です。

水島広子・著
サンクチュアリ出版・刊

03 『人は0.5秒で選ばれる！』

魅力的な自分をアピールできないと、恋愛を含めた人間関
係やビジネスの場で損をすることになるかもしれません。
この本ではより良い印象を相手に残すための具体的な方法
を紹介しています。
すぐに効果が実感できる笑顔のトレーニングは必読です。

重田みゆき・著
ダイヤモンド社・刊

ぜひ参考にしてみてください

出会いを無駄にしない記憶術

出会いはビジネスチャンスにもつながります。せっかくの機会を無
駄にしないよう心理特性を利用して相手のことを覚えましょう。

心理特性を活用しよう！

顔＋名前＋イメージで覚えましょう

単純に顔と名前を丸暗記するよりも、その人の具体的なエピソードや
そのとき感じた感情を合わせて覚えると記憶に残りやすくなります。

1 相手に興味をもつ

何も考えずに人と会っていることって意外と多いんです。ま
ずは「今日会う人ってどんな人だろう」と心構えをもってか
ら、相手に会いに行ってみてください。

2 感情を動かす・エピソードを考える

「上品そうな人」「まゆ毛がりりしい」など何でもOKです。
その人と出会って何を感じたか言語化することで、顔の印象
が記憶に残りやすくなります。
エピソードの内容はウソでもホントでも大丈夫です。例えば
佐藤さんと出会ったなら「スイーツ（甘いもの）好きな色白
のサトウ（砂糖）さん」と意味付けしましょう。

3 復習する

まずはその日のうちに想像したイメージを思い返す時間をと
りましょう。記憶は20分後に42％、1時間後に56％、1日後に
74％忘却されてしまいます。つまり、くり返し復習すること
が重要です。意識して復習する時間をつくってみてください。
1日後、1週間後、3週間後に復習のタイミングをとると効果
的です。

> 相手の名前と顔を覚えて
> 信頼度・信用度をUPさせましょう！

参考文献：
『記憶について―実験心理学への貢献―』
ヘルマン・エビングハウス・著、宇津木保・訳／誠信書房・刊

仕事がはかどる プライベート時間

Tips

BEST PRODUCTIVITY TIPS FOR WORKING WOMEN

1日を最大限活用する早起きの法則

早起きを続けるには自分だけのルールをつくることが大切。なぜ早起
きしたいのか、どんなふうに過ごしたいのかを考えてみましょう。

① 目的をしっかり決めよう

早く起きて何をしたいのか具体的に考えてみましょう

例えば...
・明日締め切りの書類を完成させたい
・TOEICの勉強をしたい

具体的な目的を考えて自分の行動に
意味をもたせることが大切です。

② 自分だけのモーニングルーティンをつくろう

具体的な目的が決まったら
モーニングルーティンを考えてみましょう

例えば...
・まず起きたら顔を洗う
・お気に入りのコーヒーを飲む

小さなことでいいので、毎日続けてみましょう。

③ 努力を目に見える形で残そう

最後に朝活の成果を記録しましょう

例えば...
・日記や手帳をつける
・SNS（TwitterやInstagram）に投稿する

目に見える形で残すことで自信にもつながり、
習慣になります。

> まずはやってみることから始めましょう。
> 0から1になる始めの一歩が成長です

効果的なモーニングルーティン

自分の気分がアップする楽しいことをとり入れるのが◎。思考がクリアな朝は、TO DOをリストアップするのにも最適です。

01　お気に入りのBGMをかける

お気に入りの曲や気分が上がる音楽を聴きながら朝の準備を行なうことで、スイッチが入りやすくなります。その日の気分によって**曲を変える、映画を流す**など、パターンを変えてみるのもおすすめです。

YouTubeの**BGMチャンネル**の活用もおすすめです

02　深呼吸をしながら10分ストレッチ

朝のストレッチは、体を目覚めさせ、自律神経のバランスを整えるのに効果的だといわれています。血行が良くなることで脳の働きが活発になり**集中力アップ**にもつながります。

しっかりやらなければと力みすぎずに、**気持ちいいと感じる程度でOK**です

03　ひとりミーティングで思考整理

1日のなかでも頭がスッキリとさえている朝の時間帯にその日にやるべきこと、やりたいことを整理するのがおすすめです。1日の始まりに頭の中が整理されることで、目の前のことに集中できるようになります。

手帳などに書き出して**見える化**するとより効果的です

朝時間を効率的に使う準備術

ついバタバタしてしまいがちな朝。自分の行動を見直し、準備の
手順や時間配分をパターン化することで効率がアップします。

01 朝ごはんメニューのパターン化

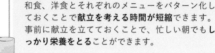

和食、洋食とそれぞれのメニューをパターン化し
ておくことで献立を考える時間が短縮できます。
事前に献立を立てておくことで、忙しい朝でも**し
っかり栄養をとる**ことができます。

準備作業の時短にも
おすすめな方法

⇨ ワンプレートごはんにする
⇨ 使う食器はまとめてセットにしておく

02 動線を短く、動きをシンプルに

家の中での**移動時間をできるだけカット**する
ことで効率的に準備を進めることができます。

もち物を一箇所に
まとめることで、
忘れ物防止にもなります

⇨ もち物の場所を決めておく
⇨ ながら作業ができるよう同じ場所に使う物をまとめる

03 タイマーの活用

タイマーを活用することで、**より時間を意識**することがで
き、何に時間がかかっているのか見直すこともできます。

⇨ まずはひとつの準備にだいたいどのくらいの時間がかか
っているかを把握するため、準備ごとにタイマーをセッ
トして、鳴るまでに終わらせるようにします。

⇨ 早めに終わらせることができるようになったら、目標時
間を決め、さらに時間を短縮できるようにします。

日々を充実させる朝活のすすめ

1日たった5分でもいいので、まずはやりたいことを始めてみましょう。朝食をしっかり食べることも立派な朝活のひとつです。

CHAPTER 3 ｜ 仕事がはかどるプライベート時間 Tips

01　朝ヨガでスッキリ

朝は1日のうちで最も体温が低い時間といわれていますが、ヨガをすることで体が温まり、スッキリした状態になります。
YouTubeで簡単にできる朝ヨガの動画がたくさん投稿されているのでチェックしてみてください！

朝ヨガ　5分 🔍

02　TO DOリスト作成で充実の1日に

その日に何をするかの整理は、頭がスッキリしている朝に行なうのが効果的。
1日のタスクと優先順位を考えて有意義な1日にしましょう！

おすすめアプリ「Todoist」

チェックリストで
簡単に管理ができるので
おすすめです。

03　朝ごはんでスイッチON

脳は炭水化物などのブドウ糖をとることで活動モードに切り替わります。
どんなに忙しくても少しでも朝ごはんを食べるだけで集中力UPにつながります。

朝から料理する時間がないときは納豆や生卵など、家にあるものをごはんにのせるだけで完成する簡単メニューがおすすめです！

お悩み別効果的な入浴法3選

バスタイムは日々の疲れを癒やしてくれる最高のリラックスタイム。入浴時間やお湯の温度ごとにさまざまな効果が期待できます。

1 眼精疲労

デスクワークで目が疲れているときは？

ぬるめのお湯（38〜40℃※1）に10分つかりましょう。お風呂の明かりを落として、目をいたわってあげてください。お気に入りのキャンドルを持ち込んでキャンドル風呂にするのもおすすめです。目に蒸しタオルを乗せて緊張をほぐしたあと、晴明（せいめい）と呼ばれるツボを優しく押すと目の周りがスッキリしますよ。

2 睡眠トラブル

なんだかよく眠れないときは？

ぬるめのお湯（38〜40℃※1）に10分つかりましょう。肩までつかる全身浴は心身の疲労回復に効果的です。就寝90分前に入浴すると、気持ちよく眠れます。

3 気分の落ち込み

「今日はちょっとへこんでいる」そんなときは？

熱めのお湯（42℃以上※2）に5分つかりましょう。熱いシャワーを浴びるだけでもOKです。交感神経を高める効果があるアロマを選んで湯船に入れるのも効果的です。お気に入りの香りをチョイスして気分を上げましょう。

Tips 入浴の効果を高めるアクション
- ☑ スマホを見ないようにする
- ☑ 入浴前後にコップ1杯の水分をとる
- ☑ 入浴剤は脱衣前に入れる

※1 平熱＋2〜3℃、※2 平熱＋6℃を目安に心地いい温度に調整してみてください。

お風呂時間を使ってデジタルデトックス

入浴中は頭や体を休めるチャンス。スマホで映画やドラマを見るの
も楽しいけれど、ときにはデジタルデトックスに活用してみて。

01　デジタルデトックスとは？

インターネットの普及により爆発的に情報量が増えたことで、脳に
は大きな負担がかかっているといわれています。そんな脳への負担
を軽減するため、携帯やパソコンなどのデジタル機器から距離を置
き、日常で心身にたまった疲れをリフレッシュすることを指します。

02　デジタルデトックスの効果

脳機能が回復する
デジタル機器を使いすぎると「脳過労」状態になり
脳の機能や判断力、意欲、集中力が低下し、
もの忘れが激しくなる可能性があるといわれています。
デジタル機器から距離を置き、脳を休ませてあげましょう。

健康状態が改善される
スマホの使いすぎが原因で首や肩の筋肉が凝ってしまう
「スマホ首」を解消できます。

新たに時間が生まれる
勉強や読書をしたり、考え事をしたり、ゆっくり休みを
とったり…。デジタルデバイスに費やしていた時間を、
充実した時間に変えることができます。

03　お風呂×デジタルデトックス

お風呂ではあえて携帯は外に置いて湯船につかりましょう。

SNSの代わりに
1日の出来事を振り返ってみたり
ゆっくりリラックスしてみましょう！

疲れをためないプチ習慣

疲れの原因は食生活の乱れ、睡眠不足など、生活習慣の中に隠れていることも。日常を見直し、早めに疲労をリセットしましょう。

01 バランスのよい食事を意識

忙しいと食事のバランスが崩れたり暴飲暴食になりがちですが、そんなときこそバランスのよい食事と適度な運動を意識しましょう。食事に気を配ることで、忙しいときに起こりがちな肌荒れや体のだるさも防げます。

> POINT　ビタミンCが多い緑黄色野菜や果物、ビタミンB群が豊富な鶏肉、マグロ、サバなどもおすすめ

02 睡眠の質を上げて翌朝にはリセット

良質な睡眠のための準備として、お風呂で温まるようにしましょう。湯船に15分つかると深部体温が上がり、眠りにつく頃には体温が下がるので深く眠ることができます。

> POINT　ベッドに入る90分ほど前に入浴するとより効果的！

03 夜はリラックス効果のあるものを

夜時間をリラックスのために使うことで、疲れがとれやすくなり、自分を磨くことができます。ハーブティーを飲んだり、アロマオイルの香りを楽しんで、心身ともにリラックスさせ睡眠の質を上げましょう。

> POINT　精神的な疲れにはラベンダー、落ち込んでいるときやイライラしているときはベルガモットを使ってみて

頑張った自分をいたわるナイトルーティン

1日の疲れはその日のうちにリセットを。簡単なストレッチや瞑想
をとり入れるだけで、心穏やかな夜を過ごすことができます。

① ストレッチTIME

寝る前にストレッチをして、
体のゆがみやコリをリセットしましょう。
初心者向けや部位別など、さまざまなストレッチ動画が
YouTubeにアップされているので、
検索をして自分に合った動画を見つけてみてください。

② 瞑想＆読書TIME

寝る前に15分間だけ、
自分の頭の中をすっきりさせる時間をつくりましょう。

読書　READING

普段あまり活字を読まない人もいるかもしれませんが、
1日15分、気になった本を読んでみましょう。
ビジネス書でも、小説でも、自己啓発本でも、何でもOK。
本は自分の世界を広げてくれます。

瞑想　MEDITATION

部屋の中の静かな場所で、目を閉じて座りましょう。
毎日の生活で、脳は絶えず動いています。
深く呼吸をしながら、脳を休ませてあげましょう。
瞑想のための動画やアプリもたくさんあるのでチェックしてみてください。

③ アロマTIME

私たちの体は、交感神経と副交感神経という
2つの異なる自律神経から成り立っています。
そこにストレスがかかると、自律神経のバランスが乱れ
眠りの質にも影響が出ます。
寝る前にアロマをかぐことで、副交感神経を優位にし
リラックスした状態で眠りに入ることができます。

> 今日も1日お疲れさまでした。
> 明日も素敵な1日になりますように！

熟睡するためのコツ

就寝前のちょっとした行動が睡眠の質を左右します。まずは自分に合った方法で心身をリラックスさせることから始めましょう。

Tips 01　太陽の光を多く浴びる

「午前中に浴びる日光はわずか30分の量で、
睡眠薬1錠分に当たる」という睡眠学者がいるほど、
太陽の光は睡眠の質を上げてくれます。
夕食後、部屋の照明を暗めにするのも効果的です。

Tips 02　シャワーではなく入浴する

ぬるめ（40℃くらい）のお湯に10〜15分ほどつかる
と徐々に体温が下がり、眠りやすくなります。
就寝90分前までに入浴しましょう！

Tips 03　音楽や香りでリラックスする

寝室で心地よい音楽を流す、香りでリラックスするなど、
自分なりのリラックス方法を見つけることが大事です。
香りは鎮静効果をもたらすラベンダーがおすすめ！

Tips 04　軽い運動をする

就寝2時間前に汗ばむ程度の運動をすると、入眠感や
熟眠感が改善する効果があるといわれています。
眠る1時間前はヨガが最適！

睡眠で人生が変わる

熟睡できるとストレスが減って
ポジティブになれます。

効果的な休憩時間の過ごし方

ついダラダラしてしまいがちな休憩時間。効果的に息抜きをするためにおすすめのポモドーロ・テクニックをご紹介します。

ポモドーロ・テクニック を活用して、
効果的な休憩時間を過ごしましょう

ポモドーロ・テクニックとは？

25分作業→5分休憩をくり返し、集中力をキープする方法。2時間したら20〜30分の休憩をはさみます

01 5分休憩の過ごし方

ちょっと体を動かして
リフレッシュ！

コーヒーを淹れる
家族と話す
簡単な家事
スクワットで血流促進　　　**など**

02 20〜30分休憩の過ごし方

仮眠　　20〜30分間の休憩は仮眠にぴったりの長さ。椅子に座ったまま眠ると寝すぎも予防できます。たとえ眠れなくても目を閉じているだけで疲労回復効果が期待できます。

ストレッチ　YouTubeなどを見ながらやってみるのもおすすめ！

瞑想　　心のリフレッシュに最適です。リラックスできる体勢で軽く目を閉じ、ゆっくりと呼吸を続けましょう。
初心者さんにはヒーリングミュージックとアナウンスを聞きながら体験できるアプリがおすすめ！

集中しづらいといわれるリモートワーク
などにも効果的です！
工夫して作業効率を上げましょう！

おうちでお手軽ストレス発散法

忙しいときや疲れているときは、無理して出かけずにおうち時間
の充実を。手軽な方法で心も体もハッピーになれちゃいます。

_{Point} 01 美味しい物を食べよう

☑ **絶品グルメをお取り寄せ**

外出を控えたいこのタイミングだからこそ、普段頑張
っている自分へのご褒美としてちょっと贅沢なスイー
ツや産地直送のお野菜を楽しんでみませんか？

☑ **おうちカフェ**

コーヒーを淹れて香りを楽しんだり、スコーンやキッシュ
を焼いたり…。慌ただしい日々では味わえなかったゆった
りとした時間の流れを楽しみましょう。

_{Point} 02 体を動かそう

☑ **ヨガ**

普段運動しない人にもおすすめなのがヨガ。深い呼吸で
心身ともにリラックスさせることで、心と体の不調を整
える効果があるといわれています。

☑ **激しめのエクササイズ**

たくさん汗を流せば、心も体もすっきりすること間違い
なし！

_{Point} 03 映画を観よう

☑ **泣ける映画**

心が疲れたときは映画の世界に浸
って思う存分泣きましょう。
涙と一緒にいやなことも忘れてリ
フレッシュ！

【おすすめ】
『I am Sam アイ・アム・サム』
『ジョジョ・ラビット』

☑ **笑える映画**

爆笑して思いっきりハッピーにな
れるコメディ映画。たくさん笑っ
てすっきりしましょう！

【おすすめ】
『翔んで埼玉』
『テルマエ・ロマエ』

今すぐできる疲れ目ケア

仕事中はパソコンで、プライベートではスマホで。知らず知らず
たまってしまいがちな目の疲れを緩和する方法をご紹介します。

#01　PCとの距離を確認

目とPCのディスプレイまでの距離は、50cm以上が理想だといわれて
います。イスに座って手を伸ばした距離が50cmの目安とされている
のでチェックしてみましょう！

#02　まぶたを温める

目の周りが凝るのは血行不良であることが多いそうです。ぬれたタ
オルを電子レンジで温めたホットタオルや、市販の目元を温めるシ
ートを使って寝る前などにまぶたを温め、血行を促進しましょう。

#03　眼球のストレッチ

頭を動かさず眼球だけを動かすことで、目の周りの筋肉をほぐすス
トレッチになります。やり方はとても簡単。上下や左右、斜め方向
に視線を動かすだけです！

休憩時間や気付いたときに
とり入れてみてください！

忙しい人の健康管理法

わざわざジムやヨガに通わなくても OK！ 食事中のちょっとした習慣を変えるだけで、体にポジティブな変化が生まれます。

01 体を温める

一般的に男性より筋肉量が少ない女性の体は冷えやすいといわれています。
冷えがあるということは、血流が滞っているところがあるという考え方も。
大きな血管や太い筋肉があるところを温めて、効率よく全身を温めましょう。

温めポイント

手首

太もも

足首

02 味わって食べる

忙しくてついPCを操作しながら、スマホを触りながら「ながら食べ」をしていませんか？
食事の実況中継を実践して、味わって食べることを意識してみましょう。

柔らかい

炊きたての
お米の香り

シャキシャキ

03 体を動かす

起きたら伸びをする
寝る前に足首まわし

これだけでもOK◎。
大切なのは長く続けられること、
いつもと違う動作をしてみること！

Stay healthy!

> 健康な体を保って
> 忙しい毎日を乗り越えましょう♪

賢い香りの使い方

柑橘系やローズ系など香りによって効果はさまざま。香水
やアロマなど、場面に合わせてとり入れてみましょう。

01 香水

休日 暮らし

心地良い香りは好印象を与えます。しっかり
香らせるなら耳の後ろ、ふわっと香らせるな
ら足首がおすすめ。仕事中につけられない人
は休日や仕事終わりなどに楽しみましょう。

Recommend

香水初心者さんには定番の
ムスク系、フローラル系が
おすすめです♪

02 スキンケア

 暮らし

ハンドクリームやリップクリーム、美容液
など、スキンケア用品をお気に入りの香り
にすると、毎日のスキンケアが特別な時間
になります。

Recommend

ローズ系の香りの化粧水は
生活にラグジュアリー感を
与えてくれます

03 アロマ

仕事

寝る前やリモートワーク中など、場面に合
わせてアロマでお部屋の香りを変えてみま
しょう。気持ちをリフレッシュできます。

Recommend

リフレッシュするには
柑橘系のアロマが
おすすめです♪

04 柔軟剤

仕事 暮らし

生活の中に香りをとり入れる一番簡単な方
法が柔軟剤です。仕事柄、香水がつけられ
ないという人も、ほのかな香りを楽しむこ
とができます。

Recommend

柔軟剤を複数持つと、気分
に合わせて香りを楽しみな
がら洗濯ができます

香りを味方に
自分らしい生活を送りましょう

ヘルシーに過ごすための3つの習慣

食事や運動を完璧にできなくても〇K。食事に合わせる飲み物を
変える、階段を使うなど、小さな行動から工夫していきましょう。

 Step1　１日１食はお米を食べる！

お米は太るっていう
イメージが強いけど…。

お米は、タンパク質・脂質・ビタミン・
ミネラル・食物繊維など、バランスの
とれた栄養価の高い食品です！

ヘルシーに生きるには
バランスのとれた食事が大切！

 **Step2　脂の多いものを食べた後は
特定保健用食品でリセット**

私、ラーメンとか焼肉
大好きです…。

脂肪の吸収を抑えてくれる「黒烏龍茶」や
「からだすこやか茶W」などを飲んで、
罪悪感を軽減！！

食べたいものは我慢しすぎない。
食べることを楽しんだ後が大事！

階段を利用してみる！

朝の満員電車で疲れちゃって、
階段を上る気力が…。

階段を上るのってキツイよね。
そんなときは、階段を下ることから
始めてみましょう！

階段利用を増やして
下半身の筋力UPにつなげましょう！

無理はせず、ひとつずつ
始めてみましょう！

習慣化して
楽しく ヘルシー な毎日を

Start
healthy life!

自分の機嫌をとる気分転換術

周囲をハッピーにできる自分になるために、まずは自分を大切
に！ "自分の機嫌"をとりながら毎日を楽しく過ごしましょう。

O1 自分の好きな「花」を飾る

部屋の空気が華やかになり、気持ちを
リラックスさせる効果があります。

**一輪のお花を飾るだけでも
気分が華やぎ、明るくなります！**

O2 自分の好きな「スイーツ」を食べる

幸せホルモン「セロトニン」の分泌が促進され、
幸福感や満足度を高める働きがあります。

**値段は少しお高めの
贅沢なスイーツがおすすめ！**

O3 自分の好きな「香り」を楽しむ

自律神経が整うことで、体の緊張がほぐれ、
心身ともにリラックスすることができます。

**知識で判断せず、
直感的に香りを選びましょう！**

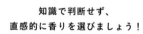

自分を大切にすることで
いつもご機嫌な私に！

賢い隙間時間の活用法

移動時間はもちろん、洗い物や歯磨きをする間など、ほんの
数分の隙間時間も工夫をこらせば有効に活用できます♪

01 通知でサクッとニュースを見る

「ニュースを見よう！」と気構えると億劫になりが
ちなので、アプリのプッシュ通知やメルマガ設定を
活用するのがおすすめ。通知とともに自然とニュー
スに触れられます。まずはニュースが目に入る環境
をつくるよう意識しましょう。

おすすめ

Googleアラート

企業、金融、音楽、政治などトピックを選択すると
Gmailに最新情報が自動で送信されます。

> メジャーな
> ニュースアプリ
>
> ・スマートニュース
> ・日経電子版
> ・Yahoo!ニュース

02 Podcastを聴く

Podcastって?

Podcast（ポッドキャスト）はiPhoneや音楽アプリなどで利用でき
る音声配信サービスで、無料で聴くことができます。幅広いジャン
ルの番組があり、短時間で聴けるものも多いので、家事の合間や作
業中に聴くのがおすすめです！

03 SNSの保存機能を有効活用

InstagramなどのSNSで見つけた気になる場所や欲しい服は「いい
ね」や保存機能で収集。さらに、行きたい飲食店はRettyに、見た
い映画はFilmarksにメモするのがおすすめ。隙間時間で情報を集
めておくことで、充実した休日を過ごしやすくなります。

映画のメモに！	お店のメモに！
Filmarks	**Retty**
国内最大級の映画レビューサービスでSNSとしても楽しめるアプリ	日本最大級の実名型グルメサービス。行きたいお店や行ったお店を登録できます

CHAPTER 3 ― 仕事がはかどるプライベート時間 Tips

家事を効率化するための3つのアイデア

ここでは家事効率化のためのヒントをご紹介。時短によって生まれた時間は勉強や運動など、自分のために使いましょう！

---

① 1日1カ所の掃除を心がける

掃除をルーティン化しましょう

「今日はテーブルを拭く」「今日は時間があるから水回りをきれいにする」など、大なり小なり1日必ず1カ所をきれいにする癖をつけましょう。寝る前の歯磨きと同じような感覚なら苦にならないはずです。まずは周りを見渡し、どこかひとつきれいにしてみてください。

② 「出したらしまう」を常に意識

塵も積もれば山となる

朝急いでいて服を全部出してしまったり、探し物をしていて鞄の中身を出しっぱなしにしてしまったり…。よくあることですが、1日が終わるまでには必ずもとの場所に戻すよう心掛けましょう。使ったものを使ったときにしまうだけでも毎日の家事がグッと楽になります。

③ お助けアイテムの導入

家事の負担を減らすための投資は必要！

1日は24時間しかありません。家事の時間がもったいないと感じたら、お助けアイテムに頼ることも必要です。ロボット掃除機や、食洗機、乾燥機付き洗濯機など、費用はかかりますが、あいた時間を有効活用できるチャンスです！

> 家事がスムーズになると
> 仕事もスムーズに！
> 時間を大事にしましょう！

忙しい人がやっている情報収集術

アプリやSNSを活用すれば、隙間時間にも情報のキャッチアップが
可能に。ここでは3つのテーマ別に情報の集め方をご紹介します。

case
01 ニュースの情報収集

○ **ニュースアプリ**

自分の気になるワードをフォローできたり、見たい情報のタブを
カスタマイズできるアプリを使いましょう。アプリは通知をON
にして重要な情報だけを見ることで時間を削減できます。

○ **Podcast**

テレビでニュースを見る時間がない人にはPodcastがおすすめで
す。国内、海外のさまざまなジャンルに特化した番組がたくさん
あるので、気になるものを聴いてみましょう。

case
02 暮らしや美容の情報収集

○ **雑誌のサブスクリプション**

気になる雑誌をダウンロードすれば通勤中に読むことも可能。忙
しいときも雑誌で情報収集したい人におすすめです。配信方法や
値段も多様なので自分に合ったサービスを探してみましょう。

○ **Instagramのタグフォロー**

Instagramではアカウントのほかにタグをフォローすることがで
きます。「#丁寧な暮らし」「#イエベ春」など気になるタグを
フォローすれば、定期的に関連投稿がフィードに現れます。

case
03 自己啓発の情報収集

○ **Twitterのリスト活用**

「資格勉強」「ライフハック」などジャンルごとにリストをつく
り、そのジャンルに特化したアカウントを追加することで、タイ
ムラインを遡らなくてもすぐに目的の情報を見ることができます。

○ **YouTubeの再生リスト活用**

気になる動画はリストに追加して家事や通勤中に再生しましょう。
こうすることで見るべきものだけを視聴し、つい「別の動画も…」
と、時間を無駄にしてしまうのを防ぐことができます。

おうちおしゃれ計画の始め方

気持ちがゆるんでしまいがちな在宅勤務。コーディネートやメイクを楽しむことで、生活リズムにメリハリをつけましょう。

01 シャツワンピースで快適に

在宅勤務中は、パジャマではゆるすぎますが、バッチリ決めすぎても窮屈ですよね。シャツワンピースは脱ぎ着もしやすく締めつけもないので、1枚でサラッと着られて快適です。

> せっかくの機会なので、オフィスに着ていく服よりも少しラフな服装を楽しんでみましょう

02 小物で華やかさをプラス

テレビ会議では顔まわりしか映らず、暗い印象になりがちです。そんなときは、大ぶりのアクセサリーや明るい色のネイルで華やかさをプラスしましょう。

> いつもよりラフな服装にするぶん、アクセサリーなどを身に着けることで手抜き感をなくせます

03 挑戦してみたかったメイクに挑戦

テレビ会議ではメイクの細かい部分まではよく見えません。そこを逆手にとって、普段の自分のイメージと違うメイクなどにチャレンジしてみるのもいいかもしれません。

> 「あれ、メイク変えた？」とほめられたら、その日1日頑張れそうですよね

気分を盛り上げる在宅メイク

リモートワークでもメイクをすれば気分がアップ。メイクのオン、
オフを気分転換や仕事モードへの切り替えに役立てるのも◎。

point 01 簡単美人見せメイク

リップとチークは約２倍増し

リップはツヤ感のあるもの、チークはクリームタイプを
使用することで表情がぐっと明るくなります。

アイメイクは位置にこだわる

`EYEBROW` 眉山は黒目の端に合わせてしっかりつくる。

`EYELINER` ペンシルでインラインをしっかり埋める。
黒目の上は少し太めに。

ノーファンデで肌に優しく

CCクリームやコンシーラーを代わりにのせても◎。

point 02 オーガニックに挑戦

オーガニックコスメってそもそも何がいいの？
魅力を知って生活に取り入れてみましょう。

🤲 自然由来の成分で肌に優しい

🌱 肌の「自ら美しくなる力」がUP！

🌍 地球の美化にも貢献できる

point 03 クレンジングにこだわる

自分のお肌に合わせてクレンジング選びをしてみましょう！
肌タイプ別のおすすめクレンジングタイプをご紹介します。

敏感肌	脂性肌
ウォータリータイプ	オイルタイプ
乾燥肌	混合肌
クリームタイプ	ジェルタイプ

忙しい人の週末学習のすすめ

仕事で平日に時間がとれない人は、週末を使って楽しく勉強を。休みの日だからこそ実践できるおすすめの勉強法をご紹介します。

01 週末こそ早起きを！

朝は学習のゴールデンタイム！

平日が忙しい人ほど、休日はいつもよりもゆっくり眠りたいもの。しかしそこは頑張って、少しだけ早く起きてみましょう。睡眠で疲れがとれている朝こそ効率よく学習するチャンスです。ベッドから出たらまずは窓辺に行き、太陽の光を浴びることでスッキリ目覚めることができます。

02 お気に入りのカフェに行ってみる

休日だからこそ行ける場所でやる気アップ！

家でなかなかはかどらない、やる気が起きないのであれば環境を変えることがおすすめ。気になっているカフェや、休日によく行くお気に入りのカフェに行ってやる気をアップさせましょう。人の目があるからこそ集中力が上がることも！

03 時間を決めて取り組む

メリハリをつけることで充実した休日に！

せっかくの休日、勉強だけでなく
プライベートも充実させたいですよね。
スケジュールを決めて、自分の時間を
もつこともポイントです。
25分集中して5分休憩をくり返す
「ポモドーロ・テクニック」もおすすめです。

> 勉強も自分時間も、
> どちらも充実した休日を
> 送りたいですね！

おすすめのPodcast 4選

Podcastはオンラインで音声を配信するラジオのようなサービス。家事や作業をしながら楽しく学べる番組をご紹介します。

01 楽しく英語を学ぼう

▶Hapa英会話

今日のクエスチョン、ネイティブによる会話、
フレーズや会話のリピートなど、適度な難易度で、
学びやすい構成です。内容も幅広く、学校では学べない
自然な英語を楽しく確実に学べます!

▶台本なし英会話レッスン

日本人、イギリス人、アメリカ人の先生が、
毎回さまざまなトピックについて楽しく会話をする番組です。
3人の英語学習に対する熱意がとても強く、
単語もスペリングまで丁寧に教えてくれるので、
初心者の方にもおすすめです!

02 今日の一杯を豊かに

▶珈琲ラジオ

普段何気なく楽しんでいるコーヒーですが、
2080年には飲めなくなるかもしれないことをご存知ですか?
そんなサステナビリティに関する話題をはじめ、
コーヒーにまつわるさまざまなトピックに
深く切り込んでいく人気番組です。
カフェやコーヒー好きの方におすすめの番組です!

03 歴史のおもしろ話

▶コテンラジオ

学校の授業では習えない国内外の歴史の裏話を
おもしろおかしく学べる人気番組です。
時代の背景や流れ、人物の考え方がとてもわかりやすく、
クセになること間違いなしです!
歴史に苦手意識のある方、
もっと国内外のことを楽しく知りたいという方に
ぜひ聴いてほしい番組です。

家事や通勤通学の隙間時間に、
楽しく学んで世界を広げましょう!

仕事効率化のためにおすすめの1冊

頑張っているのに仕事がうまく片付かない人やTO DOリストが
なかなか消えない…という人におすすめの書籍をご紹介します。

"すごい効率化"について

業務内での無駄を減らし、
時間を節約する方法を
14日間のプログラムで紹介する
「効率化のテキスト」。
本を読みながら実践することで
効率化を習得できるようになります。

こんな人におすすめ

・毎日仕事に追われて残業が多い人
・タスク管理が苦手でマルチタスクになりがちな人
・TO DOリストがうまくこなせない人
・効率化のためにいろいろ取り組んだのに成果がない人

何のための効率化なのか理解しよう

効率化はあくまで手段であり、
目的ではありません。
自分のための「働き方改革」にとり組む
という気持ちで実践してみましょう。

14日間プログラム

効率化に必要なスキルを理解し
習得することができるようになるための
「14日間プログラム」が紹介されています。
プログラムを実践しながら
効率よく業務を遂行していきましょう。

参考文献:『すごい効率化』金川顕教・著／KADOKAWA・刊

仕事で気合いを入れたいときにおすすめの本

仕事のモチベーションが上がらないときや行きづまったときは読書で気分転換を。読むだけでやる気に火がつく3冊をセレクト。

CHAPTER 3 ― 仕事がはかどるプライベート時間 Tips

『本日は、お日柄もよく』
原田マハ
（徳間文庫）

"あの場所に、私が立つ。
そう思ったとたん、
全身が粟立つのを感じた"

「もっとやってみたい」と
思えることに出会った女性が、
スピーチライターとして奮闘する姿に
元気がもらえるお仕事小説。

『まぼろしハワイ』
よしもとばなな
（幻冬舎文庫）

"若さっていうのは、
こぎれいなことじゃなくて、
ぎらぎら燃えているものなんだよ"

悲しみと向き合おうとする
主人公を通じて「生きること」を
優しく後押ししてくれる
温かく不思議な物語。

『永遠の詩 02』
茨木のり子
（小学館）

"じぶんの二本足のみで
立っていて
なに不都合のことやある"

戦後の厳しい時代を
強く生き抜いた作者の言葉に、
「しっかり歩かなければ」と
エネルギーがもらえる詩集。

仕事で落ち込んだときに読みたい本

失敗を反省することは大切ですが、自分を責めすぎるのは禁物。
落ち込まない自分に変わるために読みたい3冊をご紹介します。

01 マーフィー「ツイてる女」練習帳

米国で活躍した講演家、ジョセフ・マーフィー博士の考え方をポップな四コマ漫画で伝えている本。誰もがもつ無限の力（潜在意識）を解放する原理と実践方法をわかりやすく解説しています。さらっと読めるのにさまざまな気付きがあります。

『マンガ版 マーフィー「ツイてる女」練習帳 今日からできる「引き寄せの法則」』
マーフィー"無限の力"研究会・著、小迎裕美子・イラスト／三笠書房・刊

02 手紙屋

将来に思い悩む就活生の主人公が、10通の手紙のやりとりを通して成長していく物語。先行きが見えないこの時代、どう生きればよいのか？　将来の目標をどのように設定すればいいのか？　感動のラストとともに、働くことに対する気付きを得られます。

『「手紙屋」〜僕の就職活動を変えた十通の手紙〜』
喜多川泰・著／ディスカヴァー・トゥエンティワン・刊

03 ミーニング・ノート

自分に起きる出来事の価値や可能性を見つけ出す「意味づけ力」を高める本。心がチクッとするような悔しいこと、悲しいこともすべて「意味づけ」次第でチャンスに！　毎日、毎週、毎月と書き込み式で記録をつけていく実践型の本です。

『ミーニング・ノート　1日3つ、チャンスを書くと進む道が見えてくる』
山田智恵・著／金風舎・刊

落ち込みは思考のクセや物事の捉え方によるもの。
今までと異なる視点で物事を見る体験を重ねれば、
少しずつ落ち込まない自分になっていけます♪

癒やされたい人におすすめの本

疲れたり心がモヤモヤしたりするときは、思い悩みすぎずリフレッシュするのも大事。本が意外な答えを導き出してくれることも。

01　大人も楽しめる絵本

童心に帰り夢中で目の前だけを楽しむ

子どものころ大好きだった宝探しを大人になっても楽しめるのがこの絵本。宝箱をひっくり返したような美しいイラストの中から小物や動物を探し出します。繊細で芸術的な作品たちに視覚的に癒やされます。

『ミッケ！　ファンタジー』
ウォルター・ウィック・写真／ジーン・マルゾーロ・文
糸井重里・訳／小学館・刊

02　痛みをそっと包んでくれる本

喫茶店を舞台に起こる3つの恋愛物語

下町の商店街の路地裏に佇む喫茶店トルンカでは、静かに、でも確かに、登場人物それぞれの物語が存在します。喫茶店の細かい描写や話の展開がわかりやすくハートフルに描かれており、コーヒーを飲みながらホッとひと息つくように、ゆっくりと楽しむことができます。

『純喫茶トルンカ』
八木沢里志・著／徳間書店・刊

いろいろと悩むこともあると思いますが
本を読んで気持ちをリフレッシュするのも
ひとつの方法です

明日へのやる気がアップする映画3選

頑張りたいのに力が出ないときや気分が沈んでしまったときに、見るだけでモチベーションが高まるおすすめ映画をピックアップ。

私らしさを思い出せる映画

 これが私の人生設計

イタリアの建築業界では、男性社会の風潮が強く女性の就労は厳しい状況。そんな中、世界各国で働いてきた女性建築家のセレーナが故郷イタリアで就業に臨む。しかし、うまくいかず男性と偽って仕事することになり…。自分らしい生き方を貫く主人公の強さに「私らしさとは？」と、改めて自分を見つめなおしたくなるコメディ映画です。

とにかく前進したくなる映画

 マイ・インターン

仕事も結婚生活も順調。若手社長としてすべてを手に入れたジュールズ。しかし、夫の裏切りや会社経営などさまざまな困難が降りかかり…。部下のベンの豊富な人生経験を参考に悩みながら決断して進むジュールズ。彼女の決心が勇気をくれ、鑑賞直後から何かにとり組みたくなる映画です。

行動を変えたくなる映画

 イエスマン "YES"は人生のパスワード

あらゆることに対していつも「NO」と答えていたカール。しかし、ある日を境に何があっても「YES」と答えなければならなくなって…。人から頼まれたことや理不尽に思うことにも、すべてに「YES」をくり返し変わっていくカールの人生の好転劇に勇気がもらえる映画です。

> さあ、もやもやを吹き飛ばしましょう！
> いつも頑張っている自分を
> ほめてあげることも忘れずに

仕事の質が上がる
長期的なインプット

Tips

BEST PRODUCTIVITY TIPS FOR WORKING WOMEN

自己肯定感の高め方

何をするにも自信がないし、短所ばかりが気になってしまう…。
そんな自分から脱却し自己肯定感を高める方法をご紹介します。

01 自己分析をしよう

自己肯定感を上げる第一歩は自分自身を知ることから。
自己分析をすることで、自分の長所や短所、自己肯定感
が低くなってしまっている原因を明確化させます。

> **おすすめの方法**
>
> **強み&弱み分析**
> 自分の強みと弱みをリストアップしてみましょう。
>
> **人生曲線**
> 今までの人生を振り返り感情の変化を曲線化。可視化することで
> 自己肯定感が下がってしまった原因を見つけ出します。

02 自分磨きをしよう

理想の自分と実際の自分とのギャップの大きさは自己肯定感が
低くなってしまう原因のひとつ。
自分磨きをして理想の自分に近づきましょう！

- キャリアアップ
- スキルアップ
- 資格の取得

目に見える形で成果が残ると
より自信がアップ！

03 自分との約束を守ろう

自分との約束を守り続けることが自分を好きになることにつな
がります。その結果、徐々に自己肯定感も高まっていきます。

> **おすすめの方法**
>
> **期限を守る**
> 自分が設定した期限を守ることで達成感を得ることができ、自己
> 肯定感につながります。
>
> **TO DO リストをやり遂げる**
> 1日のTO DO リストをつくり、その日のうちにやり遂げてみましょ
> う。やり遂げたときの達成感が自己肯定感につながります。

時間がかかっても大丈夫！
自分のペースを大切に少しずつ
自己肯定感を上げていきましょう！

フラットでいるための秘訣

心をフラットに保つためには自分と客観的に向き合うことが大切。
まずは感情や思考を書き出してみることから始めましょう。

01 自分の感情に目を向けてみよう

頭で考えていること（思考）と、心で感じていること（感情）は
いつも同じとは限りません。
普段仕事や家事に追われているとつい思考優先になり、
感情が置き去りになっていることがあります。

02 心の違和感を書き出そう

思っていることと感じていることが違ったときに、
モヤモヤすることはありませんか？
例えば、夕飯の準備をしなければと思っているのに、
なんとなくキッチンに立ちたくないとき。
明日までにまとめたい資料があるのに、
なかなかキーボードを打つ手が動かないとき。
そんなときは、自分の気持ちを紙に書き出してみましょう。

03 感情や心の声と対話しよう

1　感情を書き出す
　　「楽しい」「悲しい」「つらい」など感情を言葉にしてみましょう。

2　5W1Hの質問を1〜2回する
　　「When（いつ）」「Where（どこで）」「Who（誰が）」「What（何が）」
　　「Why（どうして）」「How（どうやって）」という質問をしてみましょう。

3　その質問に対する自分の答えを書く

心の声を聞いて自分を認めてあげましょう！
書き出してみるとフラットな気持ちになれます

自分を見つめ直すセルフモニタリング

今の状況を変えたい、自分を見つめ直したいというときはセルフモニタリングで自己観察を。紙とペンさえあればできちゃいます。

セルフモニタリングで自分を見つめ直してみましょう

こんなときにおすすめ！

精神的に疲労してしまっているとき。
対人関係がうまくいかないと悩んでいるとき。

> セルフモニタリングとは？
>
> 日常の出来事の経過を記録し、客観的に自分の行ないを観察すること。

簡単！セルフモニタリングのやり方

> **紙とペンを用意して記録するだけ！**
>
> 1) 出来事
> 2) その出来事に対する自分の思考
> 3) そのときの自分の感情
> 4) 身体反応（生理現象）
> 5) その出来事が起こったときの自分の行動

アプリやエクセルに書き出してもOKです。
まずは今日の出来事をピックアップして書き出してみましょう。

point 簡単に記録できるものから始めてみましょう

すべての出来事をモニタリングする必要はありません。
1日1回、帰宅中や入浴中に実践し、
まずはセルフモニタリングの習慣をつけましょう。

> 慣れてくると頭の中で自然とモニタリングできるようになります

point プロセスも記録するようにしましょう

事実だけにフォーカスするのではなく、
そのときの自分の気持ちの変化や行動に注目するようにしましょう。

> セルフモニタリングを習慣化して自己を見つめ直し、気持ちの整理をしてみましょう

セルフモチベーション管理術

モチベーションを維持し続けるには、外からの刺激で気持ちを奮い立たせるだけでなく、自身の内面と向き合うことが大切です。

01 自分を見直す

なぜモチベーションが続かないのでしょうか？
疲れていたり、無理をしていたりしませんか。

advice ときには思い切って休んでみるのも大切です！
好きなことをしてリフレッシュしましょう！

02 目標を見直す

目標を設定したときのことを思い出してみましょう。
どんな自分になりたいですか？
目標を達成したらどんなことをしてみたいですか？

advice あらためて目標を見直すときっとやる気が出てくるはずです！

03 自分をほめる

できない自分ばかりを見ていませんか？
目標を設定したときよりできるようになったことは
きっと増えているはずです。

advice 自分をしっかりとほめて、自分にご褒美をあげましょう！

自分のご機嫌をとりながら
モチベーションを保っていきましょう！

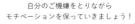

聞くだけでやる気がみなぎる名言集

自分を鼓舞したいときは言葉の力を借りてみて。ここでは覚
えておきたい「元気になれる名言」を状況別にご紹介します。

励まされたいときに…

\\激励の言葉//

人を信じよ、
しかし、
その百倍も自らを信じよ。
-手塚治虫-

なんとかなる。
それは、やることを
ちゃんとやっている人の
セリフ。
-リトルミイ/ムーミン-

止まりさえしなければ、
どんなにゆっくりでも
進めばよい。
-孔子-

> 元気は
> 「前向きな活動」に
> 欠かせないもの

前進をしない人は、
後退をしているのだ。
-ゲーテ-

流れるビールは泡を立てない。
諸君、急ぐなかれだ。
-ヴィクトル・ユーゴー-

考え方を変えたいときに…

\\気付きの言葉//

誰かを信頼できるかを試すのに
一番いい方法は、
彼らを信頼してみることだ。
-アーネスト・ヘミングウェイ-

そこにゴールがあるから蹴るんじゃない、
俺が蹴るからゴールがあるんだ。
-ガブリエル・バティストゥータ-

前向きになりたいときに…

\\心が軽くなる言葉//

たとえ100人の専門家が、
「あなたには才能がない」
と言ったとしても、
その人たち全員が、
間違っているかもしれない
でしょう。
-マリリン・モンロー-

あなたの心が正しいと
思うことをしなさい。
どっちにしたって批判
されるのだから。
-エレノア・ルーズベルト-

> 元気が出てくる言葉をメモしておくなど
> いつでも見返すことができるようにしておけば、
> どんなときも「元気の源」が味方になってくれるはず

落ち込んだときの効果的なメンタル復活法

なんだか元気が出ないときは、一番心地よいと思う方法でストレス発散を。たっぷり自分をいたわってあげましょう。

CHAPTER 4 ｜ 仕事の質が上がる長期的なインプットTips

01 信頼できる人に相談する

ひとりで抱え込みすぎず、家族や友人にとことん話を聞いてもらいましょう。きっとあなたの悩みに共感してくれるはず。話しているうちに、はりつめた心もゆるんでいきます。

少しだけ心に余裕があれば…
- 内緒にしてほしい愚痴は「ここだけの話でお願いね」と伝える
- 心が元気になったら「この間はありがとう！」と感謝の言葉を

02 悩みを文章にしてみる

落ち込みの原因はひとつでないことも。
そんなときは思いをノートやスマホのメモ帳に書き出してみましょう。
モヤモヤとした感情も、文字にすることで客観的に整理できるはず。

① 自分に素直に ：他者の目を気にしなくてOK！
② 具体的に ：「どんな状況で、何が起きてそう思ったのか？」を振り返る
③ 消さずに取っておく：読み返したとき「今は乗り越えられた！」とポジティブに…♪

03 泣ける映画で涙活する

おすすめ作品
● きみに読む物語
● ニュー・シネマ・パラダイス
● 君の膵臓をたべたい
● 湯を沸かすほどの熱い愛

涙はストレスの特効薬！　とにかく泣ける作品を見て感情を爆発させてしまうのも効果的です。思い切り泣いたあとは身も心もスッキリするはず。

たくさん泣いたあとは、蒸しタオルを当てたり、コットンで優しくアイパックをして、目をケアしてあげましょう

04 熟睡する

心の整理ができたなら、あとは身も心もゆっくり休めましょう！
なかなか寝付けないときは、はちみつや乳製品など安眠に役立つ食材をとってみたり、軽いストレッチをしたり、アロマを焚くのもおすすめ。

生きていればときに落ち込んでしまうこともありますが、
それはあなたが頑張っている証拠です！
自分に合った方法で、優しく心をいたわってあげましょう

落ち込んだときに前を向ける格言

頑張っているのになかなか結果が出ない、自分のミスにイライラする…。そんなときに前を向く力をくれる言葉たちを紹介します。

1 **<u>Every day is a new day.</u>**

とにかく毎日が新しい日なんだ

Ernest Hemingway(1899-1961)　アメリカの作家

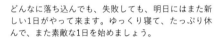

どんなに落ち込んでも、失敗しても、明日にはまた新しい1日がやって来ます。ゆっくり寝て、たっぷり休んで、また素敵な1日を始めましょう。

2 **<u>What is the point of being on this Earth if you are going to be like everyone else?</u>**

もしあなたが他の人のようになろうとしているなら、この地球上にいることになんの意味があるのですか？

Arnold Schwarzenegger(1947-)　アメリカの俳優

「隣の芝生は青く見える」と日本でもよく言いますが、あなたはあなたでいいのです。欲張りにならないで。

3 **<u>Every problem has a gift for you in its hands.</u>**

全ての困難は、あなたへの贈り物を両手に抱えている。

Richard Bach(1936-)　アメリカの作家

つらいときこそ、泣きたいときこそ、踏ん張りどころ。グッと歯を食いしばって壁を乗り越えた人にはきっと素敵なプレゼントが待っているはず。

明日からまた前を向いて
素敵な1日を過ごせますように！

毎日を素敵な日にする3つの方法

「今日は素敵な日だった」と毎日思えるようにするためには、小さ
な工夫が必要。気軽に始められることから意識してみましょう。

01 理想の1日をノートに書き込む

ノートに書いて可視化することが理想の1日に近づくための第一歩。
また、何気なく過ぎていく日常に目を向け意識してみると、自分自
身を見つめ直すきっかけにもなります。

ex
- ☑ お昼に気になってるパン屋さんに行く
- ☑ ご褒美に贅沢な入浴剤を買って帰る
- ☑ 「ありがとう」を意識してみる

些細なことで
OK！

02 香りで気分を上げる

香りはストレスを軽減させてくれたり、快眠へ導いて
くれたりと、心身ともに良い効果をもたらしてくれま
す。忙しい朝もお気に入りの香りをかぐだけで気持ち
をリフレッシュすることができます。

point
○ シチュエーション別おすすめの香り ○
心を落ち着かせる・集中させる ▶ 樹木系
心をリフレッシュさせる・緊張を和らげる ▶ 柑橘系

03 デジタルデトックスをする

さまざまな情報が一瞬で入ってくる世の中。ネットや
SNSに疲れを感じている人も多いはず。スマホから少
し離れ、自然に触れる、読書の時間にあてるなどして、
より自分をいたわる時間を作りましょう。

turn off

point
デジタルデトックスによるメリットは、アイデアが増える、
深い思考力が身に付く、睡眠の質が高くなる、などさまざま！
スマホを見る代わりに周囲を観察する時間を増やすと、新たな
発見が得られるかもしれません♪

どれも気軽に始められるので、
ぜひ試してみてくださいね♪

幸運を引き寄せるための秘訣

幸運とは偶然の出来事が自分にとって良い方向に転ぶこと。「セレンディピティ」を高めることで、幸運を引き寄せましょう。

セレンディピティとは？

偶然の幸運を"見つけ出す"能力

世の中には、目に見えないだけで実は幸運のチャンスにあふれています。こうしたチャンスを鋭くつかみとる能力が「セレンディピティ」です。

セレンディピティを高める3つの行動

新しい出会いの場に参加する

週末は旅に出たり、社外のコミュニティにいる人と交流をし、勇気を出して他人と話す場に積極的に参加してみましょう！

自分の考え、アイデアを表明する

自分の考えやアイデアを頭の中にとどめておくのではなく、SNSで発信したり、周りの人に表明してみましょう！

ゼロベース思考を持つ

自分が持っている前提を一旦なくして考える「ゼロベース思考」で、想像もつかなかったアイデアの結びつきが起こります！

シンクロニシティとの違い

シンクロニシティ

自分と他者が"潜在意識"の奥にある"集合意識"のつながりで起こる偶然の出来事

セレンディピティ

行動を起こしてきた人だけが気付くアクシデントから起こる偶然の出来事

シンクロニシティはあくまで現象そのものを指すのに対し、セレンディピティは偶然の幸運を手に入れる、**主体的な力**を指します。

> 幸運を待つのではなく、
> 幸運を自分から見つけましょう！

ハッピーに働く3つの方法

一生懸命な人ほど仕事の悩みや苦悩は多いもの。少しでも気持ちよく、楽しく働くために、おすすめのTIPSをご紹介します。

POINT 01 頑張りすぎない

人は仕事が好きであればあるほど努力をします。
努力をすれば当然疲労が蓄積されていき、
周りの期待にも応えようと頑張りすぎてしまうことも。

その結果、仕事じたいを楽しめなくなってしまい、
生産性も上がらなくなってしまいます。

頑張りすぎず、適度に息抜きをするよう心掛けましょう。

Take it easy

POINT 02 隙間時間の楽しみを作る

仕事の合間の空き時間を有効的に活用してみましょう。

例えば...
- ◯ 今日のランチはここにしよう
- ◯ 休憩時間に好きな本を読もう
- ◯ 仕事前にお気に入りのカフェに行こう

自分の好きなことをするのは、リフレッシュになります。
新しい発見を仕事のアイデアとして活かせるチャンスが生まれるかもしれません。

POINT 03 お金のために働かない

お金のために仕事をするという考え方が悪いわけではありません。
モチベーションを向上させるためにも報酬は有効です。

ですが、お金のことばかりを考えると、
次第に余裕がなくなってきたり、
働く意味を見いだせなくなってしまうことも。

ハッピーに働くために、
仕事をどう楽しむかを考えることをおすすめします。

目標達成のためのマインドマップ

何かを達成したいときに重要なのが思考の整理と目標の明確化。そのプロセスに役立つのがマインドマップです。

01 マインドマップとは？

目標達成のためのロードマップ

中心にメインテーマを配置し、そこから連想するアイデアや情報を線でつなぎ、放射線状に分岐するように展開していく思考法。

02 マインドマップ作成手順

STEP 1　メインの目標を中心に書く

数ある目標の中で最も叶えたいことを中心に大きく書きましょう。

STEP 2　サブ目標を複数書き出し、線でつなぐ

メインの目標を達成するために必要な項目（サブ目標）をいくつか書き出します。「○○をする」などの一言で表します。

STEP 3　より具体的に細かくステップを分割

サブ目標を達成するために具体的なステップをいくつか書き出し、それぞれいつまでに行なうのかの期限を設定しましょう。

03 目標達成のための作成ポイント

📖 できるか否かではなく、**思うままに書く**

📖 **数カ月後には達成できる**目標まで細分化

📖 いつまでに達成するか、**取り組む期限を具体的な日付で設定する**

マインドマップの活用でなりたい自分や目標をどんどん叶えていきましょう！

自分を見つめ直すマインドフルネスのすすめ

マインドフルネスは過去や未来ではなく今の心や体の状態をありの
まま受け入れること。ここではその実践のしかたをご紹介します。

① 人知れず善行を行なう

1週間、「親切なこと」「よいこと」をこっそりと行ないましょう。
例えば、会社のトイレや洗面台を掃除したり、ハンドソープを詰め替
えたり、気付いたときに簡単なことを実践してみましょう。

check! ------
心穏やかでゆとりをもった生活を意識できるようになります。
朝に行なうのがおすすめです。

② 痕跡を残さないように暮らす

どこか場所を決め、使用後は痕跡を残さないように暮らしてみましょう。
例えば、お風呂場。髪の毛や泡などを残さないように流し、ボトルのラベ
ルを揃えてからお風呂場を出るようにしてみましょう。

check! ------
身のまわりをきれいにすると、心まできれいになったように感じます。
また、次に利用する人を気遣えるようになり、お互いに気持ちよくその
場を利用することができます。

③ 食べるときは食べることに集中する

朝食はメディアのない環境で食べる、食事中はスマホやテレビから離れる
などして、食べ物の香りや味を存分に楽しみましょう。

check! ------
メディアから意識的に離れると頭の中が整理されます。また、一口一口
に意識を向けることで食材への感謝の気持ちも生まれます。

今日から始めてみましょう♬

○参考文献○
『「今、ここ」に意識を集中する練習
心を強く、やわらかくする「マインドフルネス」入門』
ジャン・チョーズン・ベイズ・著
高橋由紀子・訳／石川善樹・監修
日本実業出版社・刊

CHAPTER4 ― 仕事の質が上がる長期的なインプットTips

成功する人の時間管理法

仕事も私生活もスムーズに過ごすにはタイムマネジメントが欠かせません。自分の時間の使い方を把握し、整理してみましょう。

 01 今の時間の使い方を知る

自分の24時間の棚卸しをしよう！

① 24時間バーチカル手帳を用意する
② 自分の行動を記入する
③ よい時間、悪い時間の使い方に
　それぞれマーキングする

 02 いらない時間を削る

必要のない時間を見極めて、
上手に使えている時間のマーキングを増やしましょう！

自分が何に時間を使っているのかが
把握できます♪

 03 時間を最大限活用する

おすすめの時間管理術「ポモドーロ・テクニック」は、
「作業に集中する時間」と「休憩する時間」を予め決め
ておく方法。集中力が持続し効率よく仕事ができます。

············ **ポモドーロ・テクニックのやり方** ············

① 達成するべき仕事をひとつ決める
② タイマーで25分設定する
③ タイマーが鳴るまで集中して仕事をする
④ 5分休憩する
⑤ 上記の①〜④をくり返す

集中力を保つ秘訣

目標設定を見直し、集中しやすい環境をつくりましょう。長時間は
持続できないものと割り切って適度に休憩することも大切です。

01 休憩時間を設ける

休憩時間を設けしっかりと休むこと
で気持ちを切り替えることができ、
集中力を保つことにつながります。

忙しいときこそひと息つく時間を大
切にしましょう。

02 目標を決める

今日1日の目標や何時までに終わら
せなければいけないのかなど、目標
を明確化することが大切です。

自分のやるべきことがわかっている
とゆとりがもてたり、時間の調節が
できるので、休息もとりやすくなり
ます。

03 目の前を綺麗にする

自分の周囲が散らかっていると、脳
に負荷が掛かり集中力低下にもつな
がります。整理整頓を心掛けて。

使わないものは収納し、使ったら片
付けることを意識しましょう。

集中力を保って
なりたい自分に近づきましょう

今考えたい女性のライフプラン

選択したいライフプランによってキャリアの築き方もさまざま。
正社員やフリーランスなど働き方別にメリットをまとめました。

01 正社員として働くメリット

・育休、産休などの福利厚生が充実している
・出産後の仕事復帰が可能
・安定した収入が得られる

産休・育休中も収入があるのはとても助かりますよね。
出産後スムーズに職場復帰がしやすいのも大きなメリットです。

02 派遣として働くメリット

・派遣会社に相談できる
・希望する条件で働ける可能性が高い
・仕事を選ぶことができる

やりたい仕事を選びやすい傾向にあります。
正社員での入社が難しい有名企業でも派遣として働ける場合があるので
スキルアップにつなげられる可能性があります。

03 フリーランスとして働くメリット

・働く場所と時間が自由
・自分次第で収入をアップできる可能性が高い
・働き方を自分で決められる

自分で働き方を決めることができます。
職種によっては仕事とプライベートのワークライフバランスがとりやす
く、理想的なライフプランを描きやすいかもしれません。

結婚・妊娠・出産・子育てなど
女性は多くのライフイベントがあります
理想のライフプランを叶えるためには
キャリアとプライベートの両立が大切です

理想を叶えるキャリアデザインの描き方

理想のキャリアを描くための3ステップをご紹介。仕事だけでなく
人生を通して叶えたいことを目標に設定するのがポイントです。

理想のキャリアを**デザイン**してみよう

「将来どんな生き方をしたいのか?」という視点で
自分のキャリアをデザインしてみましょう。

step 1 理想の自分を想像し、目標を設定する

実現できるかどうかではなく、
「自分の理想の生き方」を想像してみましょう。
抽象的でもいいので、理想の自分を言語化しましょう。
その理想をいつまでに達成するのか、期限を設定しましょう。

> point
> ロールモデルをSNSや知人の中から
> 探してみるとイメージしやすくなります

step 2 自分の現状を把握する

自己分析を行ない、自分の年表をつくってみると明確化します。
自分の理想像に近づくための要素を考えましょう。
その際、理想の自分になるために足りないことも理解しましょう。

> point
> 理想の自分になるためにすべて自力で解決する必要はありません
> 苦手なことは得意な人に任せる技術も身に付けていきましょう

step 3 目標達成のために具体的な行動を考える

step 2で出てきた現状と理想のギャップを埋めるために、
具体的な行動をタスクにまとめましょう。
また、そのタスクには必ずいつまでに実行するか、期限を設けましょう。

> 理想の自分を想像しながら
> キャリアをデザインしてみましょう

忙しい人のための効率的な勉強方法

語学や資格など自分の意志で始めた勉強でも継続するのは難しい
もの。ここでは楽しく学習を続けるためのコツをご紹介します。

01 「ながら勉強」をルーティン化

毎日のスケジュールに「ながら勉強」の時間を組み込めば、
無理なく勉強を継続することができます。
例えば、朝のコーヒーを飲みながら参考書を読む、
洗い物をしながら動画を視聴するなど、
簡単な内容でかまいません。
ポイントは「毎日無理なく続けられるかどうか」です。
朝は新しく学ぶ分野、夜は暗記物の学習がおすすめです。

02 「TO DO リスト」に書き出す

その日やるべき内容を項目別に書き出すことで、
タスクの可視化と優先順位付けができるようになります。
それにより頭の中が整理され、
目標達成のための小さなタスクを管理できる状態になります。
タスクが完了したら二重線で消すなどすれば、
達成感も得やすくモチベーションUPにもつながります。

03 タイマーを活用する

時間を区切ることでメリハリが生まれ、
ONとOFFのスイッチが入りやすくなります。
「いざ勉強に取り掛かろうとしたら、ほかの誘惑に負けてしまった…」
という経験はありませんか？
そんなときはタイマーを活用することで、
簡単に勉強モードに切り替えることができます。

> 毎日忙しくてもちょっとした工夫で
> 勉強を継続しやすくなります

隙間時間で語学力UPを狙う方法

語学力向上の秘訣は"継続"です。忙しくて机に向かう時間がない
ときはアプリなどを使って毎日少しずつ学習を続けましょう。

01 アプリを活用する

TOEIC GalaxyWord

英語学習者におすすめ。問題に解答すること
で迫ってくる英単語の隕石を消していくゲー
ム感覚で学ぶことができるアプリです。

いつも自分の近くにあるスマートフォンのア
プリを使えば、隙間時間に手軽に語学力UP
を図ることができます。ゲーム感覚で学べる
ものがおすすめです。

02 リスニングとシャドーイングをする

シャドーイングとは音声の後に続いて真似を
して発声し、リスニング力とスピーキング力
を鍛える学習方法。

通学や通勤中、家事をしながら学びたい言語
で好きな音楽やラジオを聞き、慣れてきたら、
シャドーイングに挑戦してみましょう。

03 ニュースサイトを見る

いつも読んでいるニュースを学びたい言語で
読んでみましょう。手軽に短文から読めるサ
イトやアプリもあるのでお気に入りを探して
みてください。

隙間時間を味方につけて
語学力UPを狙いましょう！

今日から試せる簡単英会話勉強法

英会話スクールに通わなくても英語力を磨く方法はたくさんあります。オンラインスクールやSNSを上手に活用しましょう。

01 オンライン英会話レッスンを利用する

▶ 英語を何度も口に出そう

24時間いつでも予約なしでレッスンを受けられるオンラインスクールなら、隙間時間を利用して練習ができます。

> 英会話はハードルが高いと感じたら、洋楽を曲に合わせて歌ったり、洋画のセリフを一緒に言ってみることでもスピーキングの練習ができます！

02 YouTubeを活用する

▶ たくさん聞いてインプットしよう

「travel」「makeup」など、興味のある分野のキーワードで検索し、ネイティブスピーカーが投稿している動画を視聴してみましょう。

> 最初から100％聞きとろうとしないのがポイント。まずは、話の流れをつかめれば十分です！

03 Language Exchangeにトライ

▶ ネイティブの友達をつくろう

Language Exchange（言語交換）とは、日本語学習者に日本語を教える代わりに相手の言語を教えてもらうことです。

> ネイティブに自分から話しかけるのは勇気がいりますが、交流をサポートするオンラインのサービスも。わからない単語はその都度調べながら、ゆっくり気軽に学べます。

> 楽しく続けられる英会話の勉強法を一緒に見つけましょう！

映画で楽しく語学学習をするコツ

英語を学習するうえで映画は最高の教材です。セリフを通して
自然な言い回しを身に付け、実践に生かしましょう。

01 日本語字幕付きで何回か見る

まずは日本語字幕付きで見ながら映画の内容を把握しましょう。

ネイティブの英語は速度が速く、言葉が省略されていることも
あるので、内容が頭に入っていないと、何度くり返し見ても
そのシーンを理解できません。

「何回見てもわからない！」
という無限ループにはまらないよう、
まずは字幕を参考に状況を理解しましょう。

02 自分のレベルに合った映画を見る

映画は自分の英語のレベルに合わせて選びましょう。
例えば、初級の方には子ども向けの映画がおすすめです。

特にアニメなどは丁寧な表現が使用されていて、
なまりやスラングも少ないので、
ストレスなく見進めることができます。

03 覚えた英語は日常生活で応用してみる

せっかく覚えた英語も、実際に使わないと自分のものにできません。
覚えた英語はどんどん日常で使ってみましょう。

実用性を重視している場合は、
自分が使うフレーズが出てくるような映画やドラマを選ぶとよいでしょう。

例えば、ビジネス英会話にはオフィスシーンが多く出てくる映画が
おすすめです。

試したいオンライン語学学習ツール

言語を学ぶ方法はテキストだけではありません。オンラインやアプリを活用し、自分に合った方法で効率よく学習しましょう。

01 アプリで勉強しよう！

ちょっとした隙間時間も有効活用

#Hello Talk
テキスト、通話など、好きな方法で
世界中のネイティブスピーカーとチャットできます。
無料アプリのため気軽に試せるのもポイントです。

#スタディサプリ
ドラマ式動画レッスンで、飽きずに楽しく学べます。
日常英会話コースやビジネスコース、TOEICコースなど、
自分の勉強目的に合ったコースを選べるのが嬉しいですね。

02 ITを学びながら語学も習得

欲張りなあなたに

#Coursera
スタンフォード大学発の無料オンライン学習講座です（一部有料）。
現在では東京大学を含む世界中のトップ大学が参加しています。
学べる分野はITやビジネス・物理・化学・栄養学などさまざま。
字幕付きの動画で学習でき、コース修了後に修了証をもらえます。

03 マイナー言語を無料で学ぶ

タイのドラマにハマった？ それならこれ

#高度外国語教育独習コンテンツ
大阪大学が提供するサービスで、20言語を無料で学習可能。
タイ語、ヒンディー語、モンゴル語、スウェーデン語なども
動画を見ながら文字やあいさつといった基礎から学べます。

どうして外国語を学びたいのか
今どのくらいの語学力があるのか
学習環境や予算はどうかを考え
自分に合ったツールを探してみましょう！

効率よく知識を身に付けるための読書術

せっかく本を読んでも頭に入っていないのはもったいない！
時間を無駄にしないための「身になる読書術」をご紹介します。

01 目次を駆使する

読みとばしがちな目次ですが、実はMECE（Mutually Exclusive and Collectively Exhaustiveの略で漏れ、ダブりのないこと）に構造化されているため、目次を意識しながら読み進めると、自然と内容が整理されます。

Recommend
1節読み終えたところで目次に戻ってその節の位置付けを確認すると、頭が整理されます。

02 通しで読み切る

綺麗にマーカーを引きながら読んでいると、時間がかかってしまい、いつの間にか息切れして読破できないなんてことも。まずは読み切ることを意識しましょう。

Recommend
気になった部分には付箋を貼る、ドッグイアをつける程度にしておくと、手間がかかりません。

03 最後に振り返る

ひと通り読み切ったあとに、付箋などで印をつけておいた箇所に戻り、改めて内容を確認します。復習効果があり、内容を頭に定着させることができます。

Recommend
ノートなどにまとめながら付箋を剥がしていくと、内容が頭に定着するだけでなく、付箋がなくなったときの達成感が得られます。

身になる読書で知識を深め
暮らしを豊かにしましょう！

CHAPTER 4 ｜ 仕事の質が上がる長期的なインプット Tips

ライティング初心者におすすめの勉強法

文章の上達にはインプットとアウトプットの両方が不可欠。ここではおすすめの書籍とライティングの実践方法をご紹介します。

01　たくさん読んでインプット

まずはライティング関連の書籍を複数読み、「書く」を仕事にしているプロからコツをたっぷり吸収しましょう。

『心をつかむ超言葉術』
阿部広太郎・著／
ダイヤモンド社・刊

『沈黙のWebライティング』
松尾茂起・著／エムディエヌコーポレーション・刊

『書くのがしんどい』
竹村俊助・著／
PHP研究所・刊

02　noteを書いてみる

次はアウトプットの段階。noteやブログに自分の好きなテーマで書いてみましょう。家族や友人に読んでもらい、「どんな印象を受けたか？」「読んでいてわかりにくかった箇所はないか？」を教えてもらうのがおすすめ。フィードバックをもらうことで、文章の改善点が見えてくるはずです。

> テーマの例
> ● 旅の記録
> ● おすすめ映画5選
> ● 最近ハマっているものの紹介

おすすめの本

小説を読むのも成長への鍵。言葉の使い方や場面展開など、取り入れられるものがあるはず。村上春樹さんの比喩表現に魅せられる人も多いのでは。

『一人称単数』村上春樹・著／文藝春秋・刊

推敲の際は表記に着目！　漢字とひらがなの書き分けで迷った際に重宝する1冊です。

『記者ハンドブック』共同通信社・刊

おすすめのお手軽家計管理術

ライフイベントに備えて、収入や支出の管理はしっかりしておきたいもの。気軽に実践できる家計管理のコツをまとめました。

STEP 01 家計簿アプリを活用する

まずは収支を把握することが大切。
手書きの家計簿で過去に挫折してしまったとしても、アプリを活用すればより簡単に管理することができます。
なかでも、「Money Forward ME」は自動で銀行口座やクレジットカードの使用履歴をまとめて、月の収支をリスト、グラフ化してくれるので、負担が少なく続けることができます。

STEP 02 先取り貯金をする

毎月貯金する目標額や目標貯蓄率を設定しましょう。毎月残った金額を貯金するのではなく、給与が入ったら先に貯金をするようにしましょう。

あらかじめ貯蓄口座にお金を移しておくことで、使いすぎ防止や確実な貯金につながります。

STEP 03 本で学ぶ

家計を管理する上で世の中のお金の仕組みを学ぶことも重要です。よくわからない、難しそうというイメージがある場合は、手軽に読めるマンガを交えた本がおすすめです。

『本当の自由を手に入れる お金の大学』
両@リベ大学長・著 ／朝日新聞出版・刊

『お金のこと何もわからないままフリーランスになっちゃいましたが税金で損しない方法を教えてください!』
大河内薫、若林杏樹・著／サンクチュアリ出版・刊

忙しい人のための節約術

出費を減らすだけでなく、お金の管理や決済方法、使い方を変えることがポイント。アプリや税金の制度を利用してみましょう。

01 家計簿アプリ

お金の流れを把握する

お金の見える化アプリでもっと賢く支出管理を！

現金、クレジットカード、電子マネーなど、
さまざまな決済方法がありますが、
家計簿アプリを使うことで、
お金の流れを把握できます。
いつどこでいくら出費したか記録付けしていきましょう。

02 キャッシュレス決済

クレカ×モバイル決済

毎日のお買い物をおトクにしませんか？

キャッシュレス決済を利用すればキャンペーンで
知らないうちに値引きされていたり、
ポイント還元でお得に買い物ができることも。
なかでも還元率が高いクレカ×モバイル決済がおすすめです♩

03 ふるさと納税

税金を地域への寄付に

ふるさと納税とは、居住地以外の場所を
選んで寄付できる制度です。

故郷や応援したい地域へ寄付することで、
ギフトや食料品を「返礼品」として受け
とることができます。

賢く節約して
日々の生活を豊かに！

忙しい女性のための簡単温活術

「冷えは万病のもと」といわれるように冷えは健康や美容の大敵。
入浴する時間がないときは部位ごとに温める部分温活にトライ。

Point 01　首の後ろ を温める

首は血流の多い動脈が皮膚の近くを通っています。首を温めることで体全体を温める効果が期待できます。

おすすめアイテム　☑ 蒸しタオル

蒸気と温熱の効果で素早く温められます

Point 02　お腹 を温める

お腹は体の機能維持に不可欠な臓器が集まっています。冷えると病気や不調に直結するため積極的に温めたい部分です。

おすすめアイテム　☑ 使い捨てカイロ＆腹巻き

使い捨てカイロなら、貼るだけで手軽に長時間温められます。腹巻きは、季節を問わず一年中使うのがおすすめです

Point 03　足先 を温める

足先を温めて毛細血管を広げることで、足全体の血の巡りがよくなります。

おすすめアイテム　☑ ドライヤー

体を芯から温めるお灸をドライヤーで代用。ドライヤーの熱風を、足先をはじめ、内くるぶしから指4本分ほど上にある「三陰交」というツボに徐々に近づけて温め、熱いと感じたら離す、を4〜5回くり返します

「三陰交」はココ

参考文献：
『冷えとりの専門医が教える　病気を防ぐカラダの温め方』
川嶋朗・監修／日東書院本社・刊

3つの工夫でできる腸活のすすめ

腸は第2の脳とも呼ばれ、腸内環境が整うと集中力や幸福感が高まるといわれています。まずは簡単な腸活を実践してみましょう。

#01 朝起きたら温かいお湯を飲む

電子レンジで30~40秒温めるだけ！

 内臓が温められて腸の動きが活発になり **消化力UP！**

#02 朝食の後は5分間トイレに座る

携帯でニュースを見たり、マンガを読んでいたら、意外とあっという間！

 朝は腸が便を運ぶ**ぜん動運動**が活発になり、排便に最適なタイミングと言われています。

#03 寝る4時間前までに夕食を食べる

食後にすぐ寝てしまうと、食べた物の消化を妨げてしまう可能性も…。

 スッキリした状態で朝を迎え、**おいしい朝ごはん**をいただきましょう!!

美腸になって
気持ちのいい1日を
スタートさせましょう！

丁寧な暮らしをする方法

暮らしを整えるコツは"なんとなく"を減らしていくこと。収納方法や時間の使い方を変えるだけで、少しずつ変化が生まれます。

rule 01　暮らしの整え方

なんとなくの行動をやめる

丁寧な暮らしを実践しようとすると、まずぶつかるのは時間の壁ではないでしょうか。

今までなんとなく使っていた時間を見直すことで、納得のいく暮らしのための時間を生み出すことができます。

何かを始める前に「これは何のためにするのか？」「これを丁寧にすることは自分にとって本当に価値があるのか？」と自分に問いかけてみましょう。

rule 02　意識するべきポイント

「心地よさ」を重視すること

丁寧な暮らしをするためのポイントは、こだわりよりも心地よさを意識すること。

例えば、生産性を高めるために家事や仕事の合間にコーヒータイムをゆっくり楽しむ、長期間使える品質の良いタオルを使ってみる、睡眠の質を上げるために睡眠に不要なものは置かないなどです。

シンプルな空間で暮らすミニマリストのように完璧にはできなくても、ライフスタイルに合った快適な空間で暮らすことを心掛けましょう。

rule 03　丁寧な暮らしを保つ収納術

自分の時間を大切にできる4つの収納

キッチン道具は本当に必要なものだけを厳選。間隔を空けて整然と並べると、とり出しやすく、元に戻しやすくなります

作りおき料理は四角や円形など、容器の形を揃えて収納します。見た目もきれいに保存でき、使うときにサッととり出せて便利です

タオルは角を見せないホテル流の畳み方に統一。見た目もきれいで、収納しやすくなります。洗面所の雰囲気もUPしますよ

書類や雑貨は、お揃いのファイルボックスに収納します。何をどこに収納したかわかるように、ラベルを貼って整理しましょう

賢い人のモノを減らすTIPS

物の量を把握し整理することは、自分を見つめ直す作業で
もあります。生活環境だけでなく自身の内面も整うはず。

01 その悩み、モノを減らせば解決するかも？

> 気が散って集中できない…
> 状況を変えたいけど行動できない…

もっと身軽になりたいのに、動けない。
そんなときはモノを減らしてみましょう。

02 モノを減らすと自分が見える

モノを減らすことは、モノを通じて自分と向き
合うきっかけになります。そのモノは今の自分
や未来の自分にふさわしいですか？

もち物が減ると、スッキリした部屋で過ごせる
ようになり、モノの管理にかかる時間を圧倒的
に減らせます。

03 こんなモノ、まだ抱えてない？

- ☑ 1年以上使用していない
- ☑ いつか使うと思っていた
- ☑ もっていて気分がよくない
- ☑ もっていることを忘れていた
- ☑ 使用期限・消費期限切れ
- ☑ 「今の私」に合っていない

ひとつでも当てはまるなら、要らないモノかも…？

> モノを減らして未来の自分に向けて
> 新しい毎日を過ごしましょう！

働く女性のクローゼット整理術

おしゃれは楽しく、着替えは短く！　開けるのが楽しみになるクローゼットをつくって、忙しい朝もご機嫌に過ごしましょう。

01 お気に入りを厳選する

自分を素敵に見せてくれる服を選ぶ

シーズンごと、アイテムごと（トップス、ボトムスなど）にお気に入りベスト5を決めます。

着ない服、気に入らない服は思い切って処分しましょう。

02 7割で収納する

洋服の量は収納スペースの7割程度がベスト

洋服がありすぎてもおしゃれができるわけではありません。

手前にオンシーズン、奥にオフシーズンの服を置き、今着たい服が一番取り出しやすい場所にある状態をつくりましょう！

03 定番コーデはセットで収納

予めコーディネートを組んでセットしておく

トップスからボトムスまで、よく組み合わせる服はセットにしてハンガーポールへ収納します。

こうすることで身支度がパパッとできちゃいますよ！

コーデに悩まないクローゼットで
忙しい朝もおしゃれを楽しみましょう！

気分が上がるプチ模様替えのすすめ

住む部屋の雰囲気を変えると気分も一新。時間がないときは部分的に変化を加える「プチ模様替え」にトライしてみましょう。

01 メインの家具の位置を変える

まずはお金もかからず手軽にできることから。例えばソファの位置も、テレビに向けるのか、部屋の中心に向けて家族との会話を楽しむのかなど、目的によって理想の位置が変わってきます。

> 例えばソファの位置を変えるときは
> そこでどう過ごしたいのか
> 一度考えてみましょう！

02 布系アイテムを変える

面積が広いものや、触れる頻度が高いものほどお部屋の印象をガラリと変えてくれます。クッションカバー、カーテン、ラグなどは色や柄、素材も豊富なので季節ごとに変えても◎。

03 照明を変えるorプラスする

備えつけの照明をそのまま使っている人は、照明を変えるだけで雰囲気が大きく変わります。
間接照明は電気をつけなくてもインテリアの一部として部屋のアクセントになりますよ♪

ソファ横の間接照明は
高さがあるほうが
部屋全体のバランスがとれます

賢い人の手帳活用術

仕事や毎日の予定だけでなく、挑戦したいことや実現したい夢を
書き込み、1年後に理想の姿を叶えるための計画を立てましょう。

01 自分と向き合う

私が挑戦したいことは？
叶えたい夢は？

手帳のメモ欄を使って自分と向き合ってみましょう！

「できる」「できない」はいったん置いておいて、
とことん本音を書き出してみます。

書き出すことで自分が本当に求めているものに
気付けることもあります。

02 ビジョンマップを手帳に貼る

自分と向き合ってみて、どんな未来を思い描きましたか？
目標はビジュアル化し、毎日見る手帳に貼ることで、
達成への意識が強くなります。

1年後の理想の姿を明確にするために、
ビジョンマップをつくり、手帳に貼っておきましょう！

ビジョンマップは
古書店で買った雑誌を
スクラップして
つくるのも
おすすめ！

03 TO DOリストの細分化

1年後の理想の姿が決まれば、あとはそこに向かって進むのみ！

まずは、今年1年間の大きなTO DOリストを、
そのあとに今月のTO DOリストを書き出します。
そして最後に今日のTO DOリストに落とし込みます。

日々の予定を書き込むだけでなく
手帳を使って理想の未来を叶えましょう

理想の自分に近づくための日記活用法

日記には日々の生活を記録する以外にもさまざまな活用術があります。ここでは3つの目的別に日記のつけ方をご紹介します。

 ## 自己肯定感をUPするなら「ポジティブ日記」

例えば…

🖊 できたこと
🖊 嬉しかったこと
🖊 楽しかったこと

「私って思っていたより すごい！」
「私、今幸せかも」
と思えるように

 ## 表現力をUPするなら「公開日記」

ブログやSNSで日記を公開してみましょう！
日々経験したこと、感じたことを表現する習慣をつけると言葉が洗練されていきます。
人に読んでもらうことを意識するとさらに表現力アップ！
表現力が上がれば人とのコミュニケーションも円滑になっていきます。

 ## 記憶力をUPするなら「昨日の日記」

あえて忘れかけている前日のことを日記にしてみましょう！
記憶力がメキメキ鍛えられます。
書くだけでなく、読み返すことでも同じように記憶力の向上が期待できます。

★まずはこの３つから挑戦！

・天気
・着ていた服
・お昼ごはん

日記を書いて理想の自分に近づきましょう！

賢いカラー活用法

色のイメージが人に与える影響は絶大。場面に合わせて色を使い
分けることで、自分の見せ方や印象を効果的に演出できます。

Point 01 基本の白の使い方

CHECK 1
仕事、プライベート問わず万能。
清楚、清潔、礼儀正しいといった印象
を与えられます。

CHECK 2
**上半身にもってくることで使いやすく、
顔へのレフ板効果が！**

CHECK 3
白にも多様なニュアンスが。TPOと自
分の肌色に合わせて使い分けましょう。

> ●**オフホワイト系**
> グレーやクリームが混ざってい
> る白。普段使いしやすく肌にも
> 馴染みやすい。
> **スタイリッシュ　優しさ
> ナチュラル**
>
> ●**純白系**
> パキッとした白。きちんと見せ
> る場に最適。
> **清潔　透明感**

Point 02 色の印象を知る

色の印象をうまく使って見せたい自分を演出しましょう！

- 活動的、積極的、情熱的
- 健康的、陽気、暖かい
- 活発、無邪気、若さ
- 平和、安心感、爽やか
- 冷静、誠実、謙虚
- 正統派、知性的、信頼感
- 高貴、華麗、神秘的
- 可憐、優しい、爽やか

Point 03 色を組み合わせる

CASE 1　社内で大切なプレゼン！
落ち着いて自分を出し切
りたい

信頼感＋リラックスできるカラー

締め色に紺を使うことで信頼感
や安定感をアピール。黒より堅
くなりすぎない印象に。

寒色は沈静色のため落ち着いた
印象に。色のトーンを抑えるこ
とで目上の人への好感も◎。

CASE 2　いつも幼く見られがち…
今日は大人っぽく見せたい

トーンを変えてみよう！

同じ色でも**トーンを変える**ことで
印象が変わります。

黒や灰色が少し混ざるだけで女性
らしさや大人の上品さを演出する
ことができます。

ひとり時間の充実計画

好きなことに没頭するもよし、美容や読書に時間をかけるもよし。
自分だけの時間を満喫するためのアイデアをご紹介します。

01　思うままに過ごす

誰のものでもない、自分のための時間。
やりたいことをやって心を開放しましょう。

◉ 映画の世界にひたる

部屋の照明を落として映画館気分に。
見たかった映画やお気に入りの作品を鑑賞します。

◉ おうちでまったりカフェタイム

自分のためのコーヒーやお茶をいつもより丁寧に準備します。
心地よいBGMをかけると、さらにリラックスモードに。

02　美容のメンテナンスをする

忙しい日々の生活で疎かになりがちな自己メンテナンス。
ひとりの時間は普段できない自分磨きができるチャンスです。

◉ お肌のアップデート

自分に合ったスキンケアは環境や体調によって変化するもの。
改めて自分の肌と向き合い、今までのケアを見直してみましょう。

◉ ストレッチで運動不足を解消

ストレッチをすると血行がよくなり、心も体もすっきりします。
免疫力を高めてウイルスに負けない体づくりを行ないましょう。

03　自分の内面を磨く

ゆっくりした時間を過ごしながら、知性を磨くことで、
心にも余裕が生まれます。

◉ スキルアップの勉強をする

将来なりたい自分を思い描きながら、集中してお勉強タイム。
スキルを身に付けてさらなるキャリアアップを目指します。

◉ 本を読んで視野を広げる

自分の状態に合った本を選ぶことで
悩んでいること、疑問に思っていることに対する
ヒントが得られるかもしれません。

週末デジタルデトックスのすすめ

週末はデジタル機器から少し離れ、無意識に疲弊した心身を休める
時間に。スマホの通知をオフにするだけでも効果があります。

01 プッシュ通知をOFFにする

読書や友人とのおしゃべりを楽しんでいるあなたの時間がプッ
シュ通知により、簡単にオンラインの世界に引き戻されてしまい
ます。Twitter、LINE、Slackなどの通知をオフにして今のあ
なたの時間を大切にしましょう。

02 瞑想・運動を習慣化する

瞑想（メディテーション）

過剰な情報社会から心をデトックスするには瞑想（メディテー
ション）が最適です。脳をリラックスさせて自分の内側と向き
合うことができます。

ジムに通う

体を動かす時間を習慣化することで強制的にスマホを触らない
時間をつくることができます。また、運動することで首・肩こ
りなどを解消でき、心身ともに健康を保つことが可能です。

03 自然豊かな場所に遊びにいく

自然が多い場所は電波が圏外になることが多いのでスマホを気
にせず行動できます。山登り、ハイキング、キャンプなど、自
然豊かな場所へ遊びにいく計画を立ててみましょう。外の空気
や自然を満喫し、とことんリフレッシュすることができます。

> 週末デジタルデトックスで
> 心のゆとりをつくりましょう！

SPECIAL THANKS

本書にご協力いただいたみなさんをご紹介します！

松尾朋美	zukko	青柳里奈
松本初音	関沙也香	石川幸愛
松本港子	高桑知子	英比千裕
松本由衣	竹田恵	emi comitsu
Manami Oshida	竹本真奈美	大内優菜
mia	田中綾	大河内真理子
みさと	田中翠	大下眞子
村松奈津実	谷口ちひろ	大竹美咲
村松春佳	Chanri	太田菜月
森彩里奈	土屋有未	笠原茉友花
モリセリナ	飛田桃子	加納理沙
山内菜々香	長根春佳	亀島真純
山口詩織	中野ゆき	川島あつみ
山口由香子	中村こず恵	きたじまかほ
山崎晴奈	なまこ	栗原麻鈴
山野莉央	西野知佳	小池彩加
山元真里佳	西村真衣	小出雅子
吉川仁子	西山友埋恵	早乙女綾
吉永陽子	hatch857	櫻井栞
Rikaji	花野あかり	佐藤久美
Rino Mikajiri	日野原有希	佐藤裕子
渡瀨暁美	平井ちえ	Sarah M.
渡辺くれあ	ファンデス友紀穂	鈴木里沙子
（五十音順）		

SHE
自分らしい働き方を実現するための女性向けキャリア＆ライフコーチングスクール「SHElikes」を運営。Webデザインやライティングなど約20種類の講座を開設し、累計2万人が受講している。オンラインと表参道などのリアルスクールを持ち、SNSでの「#シーライクス」投稿は月に5,000件にのぼる。スキルを学ぶレッスンとコーチングを通して自分らしい働き方を実現できるよう伴走をしている。

働く女子の仕事力アップTips大全

わたしらしく楽しく長く働くために必要なこと

2021年2月18日　初版発行

著者／SHE

発行者／青柳 昌行

発行／株式会社KADOKAWA
〒102-8177　東京都千代田区富士見2-13-3
電話　0570-002-301(ナビダイヤル)

印刷所／大日本印刷株式会社

●お問い合わせ
https://www.kadokawa.co.jp/ (「お問い合わせ」へお進みください)
※内容によっては、お答えできない場合があります。
※サポートは日本国内のみとさせていただきます。
※Japanese text only

定価はカバーに表示してあります。